I0889724

V&R

תולדות toldot

Essays zur jüdischen Geschichte und Kultur

Herausgegeben von Dan Diner

Band 12

Ottfried Fraisse

Ignác Goldzihers monotheistische Wissenschaft

Zur Historisierung des Islam

Vandenhoeck & Ruprecht

Fritz Thyssen Stiftung für Wissenschaftsförderung

Das dieser Veröffentlichung zugrunde liegende Forschungsvorhaben wurde am Simon-Dubnow-Institut durchgeführt und mit Mitteln der Fritz Thyssen Stiftung gefördert.

Die erforderlichen Übersetzungen aus dem Ungarischen wurden durch die Unterstützung von Im Dialog. Ev. Arbeitskreis für das chr.-jüd. Gespräch in Hessen und Nassau und dem Graduiertenkolleg 1728 an der Goethe-Universität in Frankfurt am Main ermöglicht.

Bibliografische Information der Deutschen Nationalbibliothek

Die Deutsche Nationalbibliothek verzeichnet diese Publikation in der Deutschen Nationalbibliografie; detaillierte bibliografische Daten sind im Internet über http://dnb.d-nb.de abrufbar.

ISBN 978-3-525-35113-0
ISBN 978-3-647-35113-1 (E-Book)

Lektorat: André Zimmermann, Leipzig

© 2014, Vandenhoeck & Ruprecht GmbH & Co. KG, Göttingen/
Vandenhoeck & Ruprecht LLC, Bristol, CT, U.S.A.
www.v-r.de
Alle Rechte vorbehalten. Das Werk und seine Teile sind urheberrechtlich geschützt. Jede Verwertung in anderen als den gesetzlich zugelassenen Fällen bedarf der vorherigen schriftlichen Einwilligung des Verlages.
Printed in Germany.

Satz: Daniel Winkler, Zittau
Druck und Bindung: ⊕ Hubert & Co, Göttingen

Inhalt

Vorwort

Ignác Goldziher gilt vor allem als der Begründer der Islamwissenschaften. Sein herausragendes Werk umschließt den gesamten zu seiner Zeit gültigen Kosmos des Fachs – von der arabischen Poesie bis zum islamischen Recht, von einer virtuosen Handhabung der Philologien bis zur systematischen Erkundung des Kanons der Hadith. Dass sich hinter diesem gewaltigen Œuvre auch ein grundlegendes erkenntnistheoretisches Motiv verbirgt, das in Verbindung mit Goldzihers jüdischer Herkunft und seiner frühen Beschäftigung mit dem Judentum stehen könnte, war immer wieder vermutet worden. Anlass hierzu gaben etwa seine Untersuchung über den *Mythos bei den Hebräern und seine geschichtliche Entwicklung* oder die Vortragsreihe über *Wesen und Entwicklung des Judentums.* Diese Arbeiten ebenso wie sein islamwissenschaftliches Werk durchzieht die große Frage nach Geschichtlichkeit, somit nach Kontext, Einfluss und Wandel – gemeinhin nach dem, was eben unter dem von ihm so prominent benutzten Wort Entwicklung verstanden wird. Was den Einfluss angeht, so war es Goldziher vor allem um die Frage gegangen, wie der Islam auf das Judentum eingewirkt habe – etwa in der klassischen Zeit über die Präsenz arabischen Wissens oder auf dem Felde der neuhebräischen Poesie mit ihrer literarischen Bezugnahme auf die moralische Dichtung der Araber im Frühislam. Mit der Frage nach Einflussnahme und Entwicklung ist auch die nach der verwissenschaftlichenden Verzeitlichung von Judentum und Islam verbunden. Damit sucht Goldziher das zu seiner Zeit vorherrschende akademische wie – über das Gelehrtenmilieu ausgreifend – zeitgeistige, in mancher Hinsicht auch rassisierende Verdikt (so etwa Ernest Renan) über die als semitisch erachteten Gesetzesreligionen und ihre Glaubenskorpora abzuwehren. Gleichwohl hält er dabei an der Tradition als einem der Wandlung offenstehenden Arsenal der Wissensbildung fest und bekräftigt ihre Vereinbarkeit mit den Prinzipien der Wissenschaft.

In der vorliegenden Studie über die Historisierung des Islam geht Ottfried Fraisse ebendieser Frage nach, um dabei in Goldzihers Werk einen kulturgeschichtlichen, dem strikten Monotheismus angemessenen Entwicklungsbegriff auszumachen. Im Dreieck von Gesetz, Traditionsbildung und Wissenschaft wird eine Konstellation erkannt, deren besonderer Erwartungshorizont aus dem Humus der religiösen Gemeinschaft hervorgeht und sich der Form nach als Konsens ausbildet. Fraisse spricht von einer »initialisierenden Kraft der Tradition«. Dass sich hierfür – und im Sinne einer von Ignác Goldziher zugrunde gelegten Analogie von Judentum und Islam – ein gleichsam epistemologischer Rückbezug auf Maimonides und sein Werk anbietet, erscheint gewissermaßen selbstverständlich.

Dan Diner Frühjahr 2014

Einführung

»Die alten Vorstellungen über Religion sind nur zu besiegen durch mehr Religion, nicht durch Unreligion.« Unter diesem leitmotivischen Zitat stehen sechs bemerkenswerte Vorträge in ungarischer Sprache, die der Orientalist Ignác Goldziher (1850–1921) im Winter 1887/88 in Budapest gehalten hat. Die Vorlesung war für jüdische Studierende konzipiert und wurde kurz nach Goldzihers Tod unter dem Titel *A zsidóság lényege és fejlődése* (*Wesen und Entwicklung des Judentums;* nachfolgend WuE) zum ersten Mal vollständig veröffentlicht. Der zitierte Satz findet sich in einem Brief Berthold Auerbachs, der fortfährt: »Wer nur einmal offen und gerade dies Thema ausführen wollte!« Inwiefern sich Goldziher hiervon angesprochen gefühlt hat, soll im Folgenden die Analyse der zu diesem Zweck erstmalig aus dem Ungarischen übersetzten Vorlesung zeigen.

Wie Reinhart Koselleck festgestellt hat, war es die Aufklärung, die das Wort »Religion« zum Begriff transformiert hat, was bedeutet, dass »die Fülle eines politisch-sozialen Bedeutungs- und Erfahrungszusammenhanges, in dem und für den ein Wort gebraucht wird, insgesamt in das eine Wort eingeht«. So musste der Religionsbegriff – ähnlich wie »Säkularisation«, »Wissenschaft« oder »Geschichte« – durch seine Anreicherung mit Elementen aus dem politischen Gebrauchskontext notwendig mehrdeutig werden. Durch ebendiese Akkommodation an seinen Kontext ist er aber »nicht nur Indikator der von ihm erfaßten Zusammenhänge, er ist auch Faktor«. Die

Budapester Vorträge sind hierfür ein glänzendes Beispiel. Goldziher gibt darin dem Terminus »Religion« durch die Art, wie er ihn im modernen Entwicklungsdenken kontextualisiert, eine doppelte Wirkabsicht: Analytisch soll er die Historisierung der jüdischen Traditionen leisten, gleichzeitig versteht er ihn aber auch als einen schon immer in religiösen Gemeinschaften wirkenden »kulturellen Faktor«. Seine bewusste Mehrdeutigkeit als analytische wie epochenübergreifend-dynamische Kategorie ist ein zentrales Charakteristikum von Goldzihers Religionsbegriff. Goldziher öffnet nachdrücklich der Wissenschaft alle Tore, jedoch sieht er sein – aus der Dynamik religiöser Traditionen abgeleitetes – Modell dem Entwicklungsdenken der entstehenden historischen Wissenschaft des 19. Jahrhunderts zumindest in einer Hinsicht als überlegen an: Während letzteres Paradigma wie alle wissenschaftlichen Paradigmen epochengebunden ist, erachtet er sein an der kulturellen Dynamik der Herausbildung des Monotheismus orientiertes Entwicklungsmodell als überzeitlich gültig. So hat Goldziher durch die in der kulturellen Praxis vermittelte Beziehung von Wissenschaft und Monotheismus ein einzigartiges, Moderne und Vormoderne verbindendes Entwicklungsmodell geschaffen. Der Erkenntnisanspruch dieses Modells ist das Darstellungsinteresse des vorliegenden Buchs.

Goldziher war durchaus nicht der Entdecker des innovativen Potenzials der Verschränkung von Tradition und Wissenschaft. Vor allem die arabisch-jüdische Wissenschaft im Mittelalter diente im Werk jüdischer Schriftkommentatoren dazu, eine gezielte Bedeutungsanreicherung religiöser Schlüsselbegriffe vorzunehmen. Die aristotelisch geprägte Wissenschaft des Maimonides (1138–1204) etwa veränderte das Judentum konzeptionell und praktisch durch ihre Reinterpretation der anthropomorphen Gottesbezeichnungen in der Schrift. Jeweils auf ihre Weise haben im 18. Jahrhundert so bedeutende Repräsentanten des Judentums wie Moses Mendelssohn (1729–1786) und Salomon Maimon (um 1753–1800), im 19. Jahrhundert Rabbiner des Reformjudentums, wie Salomon Formstecher (1808–1889), aber auch der Orthodoxie – etwa Samson Raphael Hirsch (1808–1888) – diese Technik angewandt. Vor allem die wissenschaftspolitische Bewegung der Wissenschaft des Judentums führte diese Tradition der Reibung am wissenschaftlichen Kontext ihrer Zeit mit der Folge einer konzeptionellen und praktischen Transformation des Judentums fort. Trotz Vorbehalten verortete Goldziher seine wissenschaftliche Arbeit im Kontext dieser Bewegung. In der erwähnten Vorlesung bezeichnet er unter Berufung auf einen ihrer Vordenker, Immanuel Wolf (1799–1847), »die Begründung einer Wissenschaft des Judentums als nothwendiges Erforderniß unserer Zeit« (WuE, 115). Zur Erfüllung dieser Aufgabe verlangt Goldziher aber eine Bewegung in zwei Richtungen: »Dazu sind wir nicht fähig, wenn wir nicht die gesamte Entwicklung unserer Religion in unserem Geiste umfassen und in unserer Seele nicht die großen Wahrheiten, die die neuzeitliche Wissenschaft unserer Religion zur Beachtung auferlegt hat, erleben und aufarbeiten.« Die erste Bewegung beinhaltet folglich, dass es keine Veranlassung gibt, die Religion »als kostbare Reliquie zu hüten« und damit die Tradition vor ihrer Beteiligung am wissenschaftlichen Zeitgeist zu schützen. Im Gegenteil: »Diese Anteilnahme [des geistigen Lebens an der Tradition] geht ausschließlich von der Wissenschaft aus. Dies ist das bewegende Element, der Motor unserer Entwicklung, so wie wir heute geworden sind« (WuE, 125). Diesen Impuls der Verwissenschaftlichung der Religion ergänzt Goldziher aber durch eine gegenläufige Bewegung: Sobald der wissenschaftliche Geist die Religion umfasst hat, muss umgekehrt »in unserer Seele« ein Erleben und Aufarbeiten der »großen Wahrheiten« der Wissenschaft erfolgen. Alles, was dabei in der – individuellen wie kollektiven – Seele keine Resonanz zu erzeugen und damit die Religion nicht zu beleben vermag, wird nicht in die Tradition integriert. Nur das, was nach diesen beiden Bewegungen von der Religion noch verbleibt, besitzt nach Goldziher die Legitimation, jüdische Tradition genannt zu werden. Diese strenge Gleichbehandlung von Tradition und Wissenschaft hätte vielleicht das Auseinanderbrechen des westeuropäischen Judentums in Reformjudentum und Orthodoxie verhindern können – wenn sie Schule gemacht hätte. Die Analyse von Goldzihers Paradigma, das die Modernisierung der Tradition an die Beteiligung der Gemeinschaft aller Gläubigen bindet, bildet einen wesentlichen Gegenstand dieses Buchs.

So unterschiedliche Akteure der Wissenschaft des Judentums wie Abraham Geiger (1810–1874), Zacharias Frankel (1801–1875) oder Immanuel Wolf suchten ihre Absicht der Übersetzung des Judentums in den wissenschaftlichen und nationalen Zeitgeist in der Weise zu verwirklichen, dass sie eine mehr oder weniger intime Nähe des Geistes der Wissenschaft zum Geist des Judentums konstruierten. Diese Konstruktionen sollten die Vereinbarkeit von Judentum und Wissenschaft nach innen beweisen. Für die Anerkennung durch die nichtjüdische Wissenschaft waren sie jedoch ein schwerwiegendes Hindernis. Die partikulare Wahrheit des Judentums stehe im Widerspruch zur universalen Wahrheit der Wissenschaft, so scholl es nicht nur den jüdischen Wissenschaftlern entgegen. Dadurch, dass Goldziher nicht mehr universale wissenschaftliche Paradigmen zu partikularen jüdischen

Konzepten in Beziehung zu setzen versuchte, machte er diesen Konflikt gegenstandslos. Er betrachtete das Judentum in seiner ganzen Breite als Gegenstand der historischen Wissenschaften, suchte aber deren Bedeutung für das Judentum ausschließlich auf einer Ebene, die dieses als eine nur gemeinschaftlich »denkende« Größe wahrnimmt. Goldzihers Akzentverschiebung innerhalb der Wissenschaft des Judentums lässt sich am besten an einem der Gegenstände veranschaulichen, die für ihr Selbstbild zentral waren. Gemeint ist die Rolle des spanischen Judentums. »Historical thinking in modern Judaism was nurtured on a Spanish diet«, wie es Ismar Schorsch präzise auf den Punkt brachte. Dieses – von ihm als Mythos oder Konstruktion entlarvte – »goldene Zeitalter« im jüdisch-arabischen Spanien des 10. und 11. Jahrhunderts fungierte in den Händen der reformorientierten Kräfte der Wissenschaft des Judentums als ein äußerst wirksamer, doppelter Hebel für die konzeptionelle Adaption des Judentums an den deutschen Kontext des 19. Jahrhunderts: Einerseits transportierte dieser Mythos die politische Botschaft nach außen in die Mehrheitsgesellschaft, dass einzelne herausragende Persönlichkeiten unter den Juden einen ebenso großen gesellschaftlichen und kulturellen Nutzen brächten, wie es unter den Muslimen in Spanien der Fall gewesen sei, sofern man ihnen nur den nötigen Raum ließe; nach innen, in die jüdische Gemeinschaft, vermittelte er andererseits das Bild eines – über den Leisten der jüdisch-arabischen Philosophie und Poesie Spaniens geschlagenen – Judentums, welches die als Verlegenheit erachtete, unphilosophische Welt des aschkenasischen Judentums marginalisierte. Von ihrer eigentlich politischen Intention erfüllt, haben die Vertreter dieses Mythos, etwa Abraham Geiger und Heinrich Graetz (1817–1891), dem angeblich so besonderen Verhältnis zwischen Judentum und Islam in Al-Andalus wissenschaftlich kaum Aufmerksamkeit geschenkt.

Goldziher beteiligte sich nicht an der Mythologisierung des spanischen Judentums, im Gegenteil wählte er die unterschlagene Basis dieses Mythos, den Islam, zum lebenslangen Forschungsthema. Weiterhin hat er eine ausführliche Widerlegung der These von der Einzigartigkeit der Kultur von Al-Andalus vorgetragen. In seiner Inauguralrede aus dem Jahr 1874 vertrat er die Auffassung, der Islam im Osten sei dem im Wesen überlegen gewesen. Man kann nicht umhin, seine Kritik an der Verherrlichung des Islam in Spanien – welche er nur als eine westliche Projektion des griechisch-arabischen Rationalismus auf die Gesamtheit des Islam erachtet – auch auf den von der Wissenschaft des Judentums so lieb gewonnenen Mythos des »goldenen Zeitalters« in Spanien zu beziehen. Tatsächlich ist die gesamte Forschung Goldzihers ein Versuch, das Wesen des Islam wie auch des Judentums nicht nur am Maßstab des – an das autonome Individuum gebundenen – westlichen Rationalismus, sondern an deren jeweils eigenen Maßstäben zu messen, vor allem an ihrer Fähigkeit zu einer durch die interkulturelle Dynamik der Gemeinschaft gesteuerten, seiner Ansicht nach nicht weniger rationalen Entwicklung. In gewissem Sinn nahm sich Goldziher durchaus der zentralen These des Mythos vom goldenen Zeitalter in Spanien an, die Minderheiten hätten unter dem Islam von dessen besonderen kulturellen Fähigkeiten profitiert. Er verortete sein Idealbild jedoch nicht in der Rationalität des Westens, sondern im Gemeinschaftsgedanken des Nahen und Mittleren Ostens. Dies verkehrt alle politischen Intentionen des jüdischen Lobgesangs auf die Intellektualität einzelner herausragender Juden unter dem spanischen Islam in ihr Gegenteil.

Kann man aber sagen, dass es lediglich die ungarische Perspektive war, die Goldziher dazu brachte, den Osten zu favorisieren? Hatte auch er aus politischem Kalkül gehandelt und sich dem ungarischen Nationalismus angepasst, der sein Urbild (bei den Chasaren) im Osten suchte, vergleichbar dem im Westen verorteten spanischen Mythos der Wissenschaft des Judentums? Während die Juden wegen ihrer geografischen Herkunft in anderen europäischen Ländern als Fremde betrachtet wurden, sah der ungarische Nationalismus in ihnen gewissermaßen Mitorientalen. Goldzihers starke Bindung an Ungarn ist evident. Trotz zahlreicher Rufe an westeuropäische Hochschulen hatte er Ungarn als Lebensmittelpunkt Zeit seines Lebens nicht aufgegeben. Gleichzeitig zielt aber der konkrete Verlauf seiner Biografie keineswegs in das nationale Zentrum Ungarns. Vielmehr agierte er – freiwillig oder unfreiwillig – stets an der Peripherie. Innerhalb seiner jüdischen Randstellung marginalisierte er sich nochmals dadurch, dass er seine wissenschaftliche Arbeit, ohne seine Religion aufzugeben, auf ein Feld außerhalb der jüdischen Tradition richtete, den Islam. Weiterhin verfasste er sein über 700 Einträge umfassendes wissenschaftliches Werk weitgehend außerhalb der nationalen Institution der Universität. Er schrieb es nachts oder in den Ferien, denn beinahe dreißig Jahre lang – bis er mit 55 Jahren doch noch ordentlicher Universitätsprofessor wurde – nahm ihn sein Brotberuf als Sekretär der jüdischen Gemeinde täglich mindestens sechs Stunden lang in Anspruch. Die Lehrangebote westeuropäischer Universitäten, die ihn von diesen bürokratischen Aufgaben befreit hätten, konnten Goldziher nicht dazu bewegen, seine Biografie dorthin, in das vermeintliche Zentrum der Wissenschaft, zu verlegen.

Aber nur als *Wissenschaftler* suchte er die Peripherie auf, seine *Wissenschaft* war am allerwenigsten eine Funktion ihres Ortes. Sie war im Zentrum der entstehenden Religionswissenschaft in England genauso fest verankert wie im Zentrum der zunächst von Berlin ausgehenden Bewegung der Wissenschaft des Judentums. Das von Hugo Bergmann angefertigte Verzeichnis von Goldzihers Bibliothek weist, neben der arabisch- und hebräischsprachigen Primär- und Sekundärliteratur, nahezu keine ungarische wissenschaftliche Literatur auf, aber Werke in allen westlichen Sprachen – Französisch, Englisch, Deutsch, Spanisch, Italienisch, Niederländisch, Finnisch, Latein –, die Goldziher zu Gebote standen. Beide Tendenzen entsprechen exakt dem von seinem Schüler Joseph Desomogyi überlieferten Wahlspruch Goldzihers: Die Wissenschaft besitze kein Heimatland, der Wissenschaftler aber hat seine Heimat. Die Frage, ob Goldziher mehr ein Denker der (östlichen) Peripherie oder des (westlichen) Zentrums der Wissenschaft war, ist daher falsch gestellt. Er war emphatisch beides. Ihn interessierte das ortsgebundene Leben in seinen Reibungen an dem Denken, das anderen kulturellen Räumen entsprang – gegen eine wissenschaftliche Denkweise, die sich in ihrem Wahrheitsanspruch einer angeblich ort- und zeitlosen Rationalität verpflichtet weiß. Peter Haber hat diese Gleichzeitigkeit von Nähe und Ferne als ein Leben auf der Grenze beschrieben und treffend mit dem Topos des *Marginal man* belegt – eine Metapher, die nach dem amerikanischen Soziologen Robert Ezra Park nicht eine randständige Figur, sondern deren gleichzeitige Zugehörigkeit zu unterschiedlichen Gruppen meint. Anders als Haber bewertet die vorliegende Arbeit das Dazwischen, dem sich Goldziher aussetzte, allerdings nicht als Hemmnis, sondern als bewusst gewählten Antrieb für seine wissenschaftliche Kreativität. Dieses Dazwischen ging für Goldziher nicht akzidentiell mit Konflikten einher, sondern er suchte ausdrücklich die Reibungen zwischen den verschiedenen kulturellen Räumen – als die seiner Ansicht nach unverzichtbare, in jeder Epoche neu aufzuspürende initialisierende Kraft einer Tradition. Damit wäre das oft beschriebene Leiden Goldzihers in Budapest weniger schicksalsbedingt als vielmehr souverän gewählte Bedingung seiner Wissenschaft gewesen.

Die Bedeutung, die eine interkulturelle Perspektive für Goldziher hatte, macht verständlich, dass die wissenschaftliche Beschäftigung mit dem Islam, der über 1 000 Jahre die wichtigste Gastkultur für den weitaus größten Teil der Juden war, für ihn geradezu unumgänglich sein musste. Es gibt zahlreiche Vermutungen, warum sich auffallend viele Juden im 19. Jahrhundert wissenschaftlich dem Orient, insbesondere dem Islam, zuwandten. Die Rede ist dabei von Salomon Munk (1803–1867), Gustav Weil (1808–1889), Abraham Geiger, Joseph Derenbourg (1811–1895), Moritz Steinschneider (1816–1907), Hartwig Derenbourg (1844–1908), Wilhelm Bacher (1850–1913), David Kaufmann (1852–1899), Jakob Barth (1851–1914) und Saul Horovitz (1859–1921) – um nur die bekanntesten Vertreter der ersten beiden Generationen jüdischer Orientalisten zu nennen. Vermutungen, diese hätten damit zum Ausdruck bringen wollen, dass sie sich in Europa eine so tolerante Gastkultur wünschten, wie es der Islam für das Judentum gewesen sei, mögen für Einzelne ebenso eine Rolle gespielt haben wie die behauptete Steigerung ihrer (theoretischen) Chance auf eine wissenschaftliche Karriere an einer deutschen Universität nach der Ausgliederung der Orientalistik aus dem Fachbereich der Theologie. Für Goldziher kann gezeigt werden, dass er eine charakteristische kulturgeschichtliche Erfahrung – so eine zentrale These dieses Buchs – für die Entwicklung von Judentum und Islam als konstitutiv erachtete, die ihn beinahe zwangsläufig zum Studium des religiösen Orients führen musste:

1. Goldziher ging davon aus, dass Entwicklung das Lebenselixier jeder Religion ist. Seiner Ansicht nach wussten die Religionen, was Entwicklung ist, lange bevor dieses Konzept im 19. Jahrhundert eine zentrale Rolle in der modernen Wissenschaft spielte: »Solange man irgendwo religiöses Leben beobachten kann, ist man Zeuge einer religiösen Entwicklung. Sobald letztere zu Ende geht, stehen wir keinem lebendigen Organismus mehr, sondern einer einbalsamierten Mumie gegenüber.« (WuE, 38)

2. Das Judentum wie auch der Islam zeichnen sich durch eine – sie einende und zugleich unterscheidende – Besonderheit im Hinblick auf die für sie konstitutive Entwicklungsdynamik aus. Goldziher erkannte als Ursache für die Entwicklung des Judentums nicht nur dessen besondere Empfänglichkeit für andere Kulturen:

»Wann immer das Judentum mit einer fremden Kultur innerlich in Kontakt trat, bereicherte es stets mit den darin enthaltenen Ideen den Kreis seiner eigenen Ideen. Dies tat es regelmäßig mit einer so seltenen Befähigung und mit einer so überraschenden Empfänglichkeit, dass wir darin mit Recht einen charakteristischen Zug in der Entwicklung des Judentums sehen.«

Goldziher sah das Alleinstellungsmerkmal des Judentums unter den Religionen – er sprach in seinem Orienttagebuch von der »weltgeschichtlichen Mission« – vielmehr darin, dass dessen Schriften ununterbrochen *bis heute,* »selbst wenn sie ständig von einem fremden Ideenkreis durchdrungen wurden, die ihnen eigenen Grundgedanken nicht [verleugneten]« (WuE, 95 f.).

3. Auch hinsichtlich der Entwicklungsgeschichte des Islam stand für Goldziher die herausragende Rolle der interkulturellen Dynamik außer Frage. Jedoch begründete Goldziher diese nicht mit ihrer ununterbrochenen Wirksamkeit, auch nicht mit einer besonderen Empfänglichkeit des Islam für andere Kulturen, sondern noch stärker: Der Islam im Osten verdanke seine Existenz in besonders reiner Weise den Gesetzen kulturgeschichtlicher Entwicklung, weshalb er für die Periode zwischen dem 8. und dem 14. Jahrhundert als der Motor der Kulturgeschichte überhaupt zwischen Indien und Al-Andalus zu erachten sei. Für Goldziher stellte daher der östliche Islam ein riesiges Laboratorium zur Erforschung der Funktionsweise seines kulturgeschichtlichen Entwicklungsbegriffs dar.

Goldziher erfuhr und erfährt eine ausgesprochen kontroverse Rezeption. Es fällt einerseits auf, dass seine Schriften noch nach einhundert Jahren an der Universität als einführende Literatur empfohlen werden, dass er aber auch im Kontext des postkolonialen Denkens eine Projektionsfläche für Kritiker des Kolonialismus abgibt. Selten lässt sich ein ausgewogenes Urteil über das Werk Goldzihers finden. Die folgenden Schlaglichter sind keine Würdigung der Rezeption von Goldzihers Werk, sie wollen nur auf jüngere Tendenzen aufmerksam machen. Die Komplexität und thematische Reichweite von Goldzihers wissenschaftlichem Programm führt immer wieder dazu, dass punktuelle Kritik auf sein Gesamtwerk projiziert wird. Jacques Waardenburg gibt im Schlusssatz seiner Charakterisierung von Goldzihers Werk folgendes Statement: »Den Anthropomorphismus Mohammeds hat er streng verurteilt wie auch die Äußerlichkeit der Jurisprudenz und der islamischen Theologie, dagegen hat er die innerhalb des Islam mögliche religiöse Toleranz und Spiritualität der Mystik bewundert.« Angesichts der enormen thematischen Bandbreite und argumentativen Differenzierung des goldziherschen Œuvres sagt die Tatsache, dass Waardenburg Goldzihers Wissenschaft vor dem Hintergrund klassischer *theologischer* Streitfragen charakterisiert, wahrscheinlich mehr über den Charakterisierenden als über den Charakterisierten aus. Edward Said beruft sich auf Waardenburgs Position und treibt sie weiter ins Grundsätzliche. In seiner wissenschaftstheoretisch äußerst folgenreichen Studie *Orientalism* glaubt er im Urteil aller Orientalisten, auch Goldzihers, einen Konsens über eine »latente Unterlegenheit« des Islam zu erkennen. Aus seiner nur eine Ost-West-Polarität kennenden Perspektive kann Said aber nicht einmal zwischen Goldziher und einem Orientalisten wie Theodor Nöldeke differenzieren, der »immer wieder und wieder« bedauerte, dass er seine »Studien auf den mir im Grunde so wenig sympathischen Orient gerichtet« hat. Fuat Sezgin, um noch einen zeitgenössischen Forscher aus dem Bereich des Islam zu nennen, zitiert zunächst Goldziher, wonach das von Sprenger veröffentlichte Material ausreiche, »den Aberglauben von der ursprünglichen Bestimmung des Hadith zur Mündlichkeit aus der Welt zu schaffen«. Obwohl auch Sezgin von der Schriftlichkeit der frühen Hadith-Überlieferung überzeugt ist, wirft er Goldziher vor, dessen Annahme eines Wechsels von der frühen schriftlichen zur späteren mündlichen Überlieferung des Hadith laufe ebenfalls auf die Schaffung eines »gewissen ›Aberglaubens‹« hinaus. Sezgin möchte also Goldziher gerade die von Letzterem in Anspruch genommene Verdrängung religiöser Interessen aus der wissenschaftlichen Erforschung des Hadith nicht zugestehen und beschuldigt ihn, selbst Elemente eines (falschen) Glaubens in diese eingeführt zu haben. Dem stellenweise durchaus rauen Ton Sezgins gegenüber Goldziher werden so auch religiöse Spitzen aufgesetzt.

Der iranische Literaturwissenschaftler Hamid Dabashi dagegen hat eine sehr positive, wenn auch historisierende Würdigung von Goldzihers Werk vorgenommen: Ihn heute zu lesen sei »wie der Spaziergang durch eine Antiquitätensammlung – voller edler, empfindlicher Stücke, aber heute überwiegend von antiquarischem Interesse«. Jedoch behauptet auch Dabashi – mit umgekehrtem Vorzeichen – eine religiöse Motivation: Goldzihers Hinwendung zum Islam sei eine »intellektuelle Ausweitung der Hingabe an seine eigene Religion, das Judentum«. Auch diese These zielt eher unter die Textoberfläche. Zwar ist die Frage, wie sich Goldzihers Judentum und seine Islamstudien zueinander verhalten, eine jeden Leser bewegende Frage, aber Tatsache ist, dass Goldziher in Schriften, die nicht ausdrücklich für ein jüdisches Publikum bestimmt waren, die Differenzen des Judentums zum Islam eher überscharf hervorgehoben hat. Mit Recht weist Róbert Simon in seinen Kommentaren zu Goldzihers Leben und Werk darauf hin, dass die Aufgabe noch vor uns liege, das »ungelöste Geheimnis der nach wie vor unübertroffenen wissenschaftlichen Leistung Goldzihers« zu lüften. Seine im Kontext marxistischer Kategorien unternommene Interpretation von Goldzihers Werk zielt in das Zentrum seiner Methode – eine Wissenschaftstradition, von der sich Goldziher selbst allerdings distanziert hat. Überblickt man diese Reihe der Urteile über Goldziher, könnte es sein, dass ein gemeinsamer Nenner in der – den ideologischen Konfliktlinien des 20. Jahrhunderts stets immanenten – Ost-West-Spaltung liegt: auf der einen Seite der koloniale – emblematisch auch der theologische – Westen, auf der anderen Seite der marxistische Osten. Was aber Dabashi in Bezug auf das politische Anliegen von Saids *Orientalism* sagt, gilt auch für die anderen Jahrhundertkonflikte: »Den ›Westen‹ gibt es nicht mehr. Er hörte mit dem Fall der Berliner Mauer auf zu existieren. Mit dem Ende ›des Westens‹ haben sich aber auch alle binären Gegensätze, besonders ›der Orient‹, in ein amorph globalisiertes Universum aufgelöst.« So kann man etwa in Peter Habers Biografie aus dem Jahr 2006 einen neuen Ton entdecken. Haber würdigt erstmals den Menschen Goldziher in seinem ungarischen Kontext und nicht nur sein Werk im Kontext westlicher Wissenschaft. Die Zeit ist günstig, auch an Goldzihers wissenschaftlicher Methode zu zeigen, dass dieser Autor – entgegen dem Zeitgeist des 19. Jahrhunderts – gerade nicht den Orient zur Illumination westlicher Ideologien benutzt, sondern an einer Darstellung der kulturgeschichtlichen Einheit von Ost und West gearbeitet hat.

Goldziher verstand sich selbst als Kulturhistoriker. Aus diesem Grund bestimmt die Genese seiner kulturgeschichtlichen Methode den Aufbau des vorliegenden Buchs. Hierdurch wird bewusst vermieden, Goldziher aufgrund seiner Positionen hinsichtlich der islamischen Theologie, Philosophie, Literatur, Geschichte etc. zu charakterisieren. Die Frage nach der Richtigkeit dessen, was Goldziher über den Islam äußert, ist nie Gegenstand der Diskussion. Wenn seine Aussagen über die verschiedensten Aspekte des Judentums und des Islam unkommentiert referiert werden, dann geschieht das nicht, weil sie als korrekt behauptet würden, sondern nur, um aus ihnen das kulturgeschichtliche Argument zu isolieren. Goldziher hat gerade in seinen Detailstudien – wenn auch meist implizit – stets im Horizont seines Interesses an der Kulturgeschichte argumentiert.

Im ersten Kapitel dieser Arbeit werden die moderne Genese der Begriffe »Religion« und »Wissenschaft« sowie ihr Verhältnis zueinander – unterschieden nach den Bereichen der allgemeinen Wissenschaft, der Wissenschaft des Judentums und Goldzihers Wissenschaftsverständnis – vorgestellt. Was Goldzihers Verhältnisbestimmung von Religion und Wissenschaft betrifft, so hat er sich dazu nicht theoretisch geäußert. Jedoch finden sich gerade in privaten Quellen (zum Beispiel Briefwechsel, Tagebücher), aber auch in einigen wissenschaftlichen Arbeiten auf Ungarisch zahlreiche Hinweise. Es zeigte sich, dass Goldzihers ursprünglich ungarische Texte für eine theoretische Bestimmung seiner kulturgeschichtlichen Methode grundsätzlich ergiebiger sind als seine Arbeiten auf Deutsch, Französisch oder Englisch. Dies mag daran liegen, dass Goldziher gerade mit seinen ungarischen Arbeiten ein praktisches Interesse im Hinblick auf die kulturelle Wirkung seiner Analysen verband. Im zweiten Kapitel wird der Kontext des Goldziher vor Augen stehenden Entwicklungsdenkens im 19. Jahrhundert rekonstruiert und den seiner eigenen Tradition entnommenen Grundsätzen zu Tradition und Entwicklung gegenübergestellt. Es zeigt sich, dass Goldziher zwischen den beiden polaren Modellen von Darwin und Hegel nach einem dritten Entwicklungsbegriff sucht. Im dritten Kapitel wird der jüdische Religionsphilosoph Maimonides als Quelle der Bedeutung kultureller Kontingenz in Goldzihers Modell geschichtlicher Entwicklung nachgewiesen. Im Rahmen seiner Bestimmung der Gründe für die Gebote hat Maimonides unter anderem von dem Prinzip der historischen Akkommodation Gebrauch gemacht. Goldziher gründete sein entwicklungsgeschichtliches Modell auf den Gebrauch, den Maimonides von diesem Prinzip gemacht hat: Letzterer hatte die Entwicklung des

Monotheismus mit der Akkommodation der durch ihren Gottesbegriff geleiteten Hebräer an polytheistische Kontexte begründet. Im vierten Kapitel folgt der Nachweis, welch bedeutenden Raum Goldziher der Verifizierung seiner entwicklungsgeschichtlichen Methode in seiner Erforschung des Islam gewidmet hat. Abschließend wird ein Versuch unternommen, Goldzihers Idee von der bedeutenden Rolle des Islam in der Kulturgeschichte der Menschheit zu rekonstruieren.

Religion und Wissenschaft – Drei Modelle im Europa des 19. Jahrhunderts

Philosophische Vermittlung

Wenn Religion, Wissenschaft und Kultur Schlüsselbegriffe der Moderne sind, dann können sie, wie eingangs festgestellt, wegen der ihnen notwendig eigenen Mehrdeutigkeit hier nicht als selbstexplikative Begriffe gebraucht werden. Dies gilt umso mehr, als Goldziher, wie bereits angedeutet, die Technik der Begriffsverdichtung aus einer eigenen, in die Vormoderne zurückreichenden religiösen Tradition kennt. Seit der mittelalterlichen Aufklärung der arabisch-jüdischen Wissenschaft wurden im jüdischen Denken unterschiedliche Modelle der Vermittlung von »Religion« und »Wissenschaft« praktiziert. Und in der Tat sucht Goldziher, wie sich zeigen wird, nach der Überschneidungszone beider Traditionen der Begriffsverdichtung mit dem Ziel, sowohl moderne Aspekte der Begriffe Religion und Wissenschaft in die jüdischen Traditionen einzutragen als auch umgekehrt das moderne Verhältnis der Begriffe Religion und Wissenschaft in einen mittelalterlichen Horizont zu stellen. Derartige epochenübergreifende Fragestellungen sind im modernen Judentum nichts Ungewöhnliches – im Gegensatz zur aufklärerischen Tradition, die in ihrer Sicht auf das Mittelalter viel nachhaltiger durch die sprichwörtliche kopernikanische Wende geprägt ist. Um Goldzihers Verschränkung beider Begriffstraditionen auf die Spur zu kommen, ist es erforderlich, beide getrennt voneinander darzustellen. Betrachtet man die Begriffwerdung von

Religion, Wissenschaft und Kultur in der nichtjüdischen Moderne, so stellt man fest, dass diese in den Worten *religio*, *scientia* und *cultura* weit zurückreichende Deutungstraditionen haben. (Die Darstellung beschränkt sich auf die ersten beiden Begriffe. Der allgemeine Kulturbegriff und Goldzihers spezifischer Umgang mit ihm werden im Folgenden kurz und im vierten Kapitel ausführlicher thematisiert.) Die durch die begriffsgeschichtliche Methode inspirierte Darstellung, die im Gegensatz zur Ideen- oder Geistesgeschichte stets nach der Dynamik zwischen Begriffsentwicklung und gesellschaftlichem Kontext fragt, hat folgendes Ergebnis: eine Tendenz der Abkoppelung einer (geistig-wertvollen) inneren von einer (materiell-zufälligen) äußeren Religion. Gegen das hierdurch bedingte Phänomen der nur noch philosophisch vermittelten Ganzheit einer sich ausdifferenzierenden Gesellschaft leistet Goldziher Widerstand. Seinen Rückhalt bezieht er aus der naturwissenschaftlichen Basis der jüdisch-arabischen Religionsphilosophie des Mittelalters. Es überrascht daher nicht, dass er sich als modernen Verbündeten die sich dem philosophischen Zugriff entwindende empirische Wissenschaft des 19. Jahrhunderts wählte.

Religio beziehungsweise *pietas* meint im Mittelalter den christlichen Orden als den Ort der berufsmäßigen Gottesverehrung. Von Spinoza (1632–1677) wird dann aber die für die gesamte Moderne prägende Scheidung in eine interne *(Dei internus cultus)* und eine externe Religion *(externus religionis cultus)* antizipiert. Religion kann nun entweder eine durch politische Macht garantierte Setzung sein (Spinoza), oder sie wohnt dem Menschen von Natur aus wie ein »Same« inne (Hobbes, 1588–1679). Vor allem in England wird im Gefolge der Glorious Revolution (1688/89) die Aufwertung der inneren praktisch-moralischen Pflichten als Wesen der natürlichen Religion behauptet. Hume (1711–1776) etwa lehnte alle Formen der kultischen Religion ab. Obwohl in Deutschland noch zu Beginn des 18. Jahrhunderts Christian Wolff (1679–1759) *religio* traditionell als rituelle Verehrung Gottes versteht, wird gerade hier ab 1750 – zuerst von A. G. Baumgarten (1714–1762) – die Unterscheidung in die innere, vernünftige und die äußere, formelle Religion begierig aufgenommen. Wesen und Wahrheit der Religion werden – fein abgestuft nach Gefühl, Moral und Verstand – dem Bereich der inneren Religion zugeordnet. Es ist klar, dass Moses Mendelssohn sich in diesem Kontext veranlasst sah festzustellen, dass das – auf Orthopraxie basierende – Judentum keine Religion sei, sondern eine »Geschichtswahrheit, auf die sich die Gesetzgebung *dieses* Volks gründen sollte; Gebote, Verordnungen, keine ewigen Religionswahrheiten«.

Eine besonders einflussreiche Deutung des Dualismus von innerer und äußerer Religion stammt von Immanuel Kant (1724–1804). Während Kant der Religion in der *Kritik der reinen Vernunft* noch eine Begründungsfunktion für die Moral zugestanden hatte, reduzierte er in seinen späteren Kritiken Religion auf Moral. Religion sei ausschließlich moralische Erkenntnis, nämlich die »Erkenntnis aller Pflichten als göttlicher Gebote«. Dieses Konzept macht es unmöglich, nicht propositionale Wahrheitsansprüche der äußeren Religion – wie im Judentum und Islam – als solche zu würdigen. Nur wenige Denker wie J. G. Hamann (1730–1788) oder J. G. Herder (1744–1803) wehrten sich gegen die vollständige Verdrängung der Offenbarungsreligion durch die Vernunftreligion. Letzterer ruft aus: »[D]ie ganze Religion in Grund und Wesen ist Thatsache! Geschichte!« Aber auch Herders Religion der Humanität kann dem Sog des kantischen Rationalismus letztlich nicht entkommen.

Eine grundsätzliche Neuorientierung bringt scheinbar D. F. Schleiermacher (1768–1834). Gegen Kant macht er zugunsten des Begriffs der Religion das Gefühl geltend. Jedoch ist das, was er Gefühl nennt, nicht das äußerlich sichtbare individuelle Erleben, sondern Teil seiner Analyse der psychologischen Struktur des religiösen Bewusstseins. Zwar verweist er für die Wesensbestimmung der Religion auf die Erfahrung – Religion »ist weder Denken noch Handeln, sondern Anschauung und Gefühl« –, jedoch nur, um in kantischer Manier ihre Bedingung für die Bestimmung eines Sinngehalts herauszustellen: »Spekulation und Praxis haben zu wollen, ohne Religion, ist verwegener Übermut.« Diese Tendenz der steten Ausdifferenzierung des Bereichs der inneren Religion und der spekulativen Auflösung der äußeren Religion findet bei G. W. F. Hegel (1770–1831) ihren Höhepunkt. Im Rahmen seines Programms der entwicklungsgeschichtlichen Deduktion des Christentums verliert die Religion jede Eigenständigkeit – beziehungsweise wird sie allgegenwärtig: »Der Glaube an den Fortschritt hat den an die Vorsehung ersetzt.« Einen vierten und letzten grundsätzlichen Aspekt fügte im 19. Jahrhundert der protestantische Theologe A. Ritschl dem Religionsbegriff hinzu. Er versuchte, zwischen Kants rationalisierender Religionstheorie einerseits und der Auflösung des christlichen Dogmas in Geschichte bei den Vertretern der hegelschen Linken, wie D. F. Strauss und L. Feuerbach, andererseits zu vermitteln. Dies führte in kühler Ernüchterung zur Verwerfung jedes spekulativen Rationalismus und zur Konzentration auf das gerechte Handeln. Die christliche Wahrheit im Sinne eines nur sittlichen Ideals und das wissenschaftliche Erkennen stehen sich unverbunden gegenüber. Der Anspruch einer Wesensbestimmung von Religion wird aufgegeben. Folglich ist für eine Religion wie das Judentum, das seinen auf Erkenntnis gerichteten Wahrheitsanspruch unter anderem auf die Kontinuität seiner Existenz und nicht auf Moral, Gefühl, Spekulation oder praktische Sittlichkeit gründet, in allen vier hier vorgestellten Nuancierungen des Religionsbegriffs kein Platz.

Wenden wir uns den Binnendifferenzierungen des Wissenschaftsbegriffs zu: Deutlich früher als der Religionsbegriff konnte sich – zuerst in England – der Wissenschaftsbegriff ab etwa 1830 von seiner Orientierung auf die Philosophie lösen. Diese Befreiung von einer zuletzt allumfassenden philosophischen Vereinnahmung erfolgte nach vielen Jahrhunderten einer gemeinsamen Entwicklung. Im Mittelalter konnten die Worte *philosophia* und *scientia* bedeutungsgleich verwendet werden – wohlgemerkt innerhalb des religiösen Denkens: »Die Theologie als Wissenschaft, sofern sie die griechischen und arabischen Wissenskonzepte anerkannte, enthielt selbst ein aufklärerisches Potential.« Das islamische, jüdische und christliche Denken konnte sich durchaus den auf formaler Begründbarkeit basierenden aristotelischen Wissenschaftsbegriff (Aristoteles, *Analytica posteriora*) aneignen, nachdem es ihn auch theologisch als Mittel zur Vervollkommnung der Seele gedeutet hatte. Ab dem 14. Jahrhundert erhielt der Wissenschaftsbegriff durch Gelehrte wie Roger Bacon oder Leonardo da Vinci als *scientia experimentalis* eine stärkere irdische Gravitation. Wissenschaft wurde nun nicht mehr vorwiegend aus einem ersten Prinzip (oder Gott) entwickelt, sondern begründete sich mehr und mehr diesseitig. Eine dritte Aufladung der Verbindung von Wissenschaft und Religionsphilosophie bildete die ab 1600 in der wissenschaftstheoretischen Diskussion zentrale Kategorie des Systems. Sie interpretierte nun die Wissenschaft als Technik oder

Kunst. Angereichert über mehrere Jahrhunderte, war der Wissenschaftsbegriff sowohl durch metaphysische als auch durch empirische und systemische Notwendigkeiten geprägt.

Die Aufspaltung dieses aus religiösem Denken, systematischer Philosophie und empirischer Wissenschaft verdichteten Begriffs in der Philosophie Immanuel Kants kann daher als eine Spannungsreduktion verstanden werden. Im Zuge der »kopernikanischen Wende« seines Denkens hat Kant sich für den systematischen Aspekt als den wesentlichsten am mittelalterlichen Wissenschaftsbegriff entschieden – auf Kosten der Empirie und der Metaphysik: »Eine jede Lehre, wenn sie ein System, d. i. ein nach Principien geordnetes Ganze der Erkenntnis, sein soll, heißt Wissenschaft.« Entgegen der mittelalterlichen Metaphysik bedeutet das für ihn, dass das Ganze des wissenschaftlichen Systems mit den Grenzen der Vernunft identisch sein muss: »Der scientifische Vernunftbegriff enthält also den Zweck und die Form des Ganzen, das mit demselben kongruiert.« Die Identifizierung des Ganzen mit der apodiktischen Vernunft hatte für die Wissenschaft die Ausgrenzung wesentlicher Bereiche der Wirklichkeit zur Folge. Da »[e]igentliche Wissenschaft […] nur diejenige genannt werden [kann], deren Gewißheit apodiktisch ist«, verdient nach Kant ein Wissensgebiet wie etwa die Chemie, weil sie »doch zuletzt blos empirisch« ist und »kein Bewußtsein ihrer Nothwendigkeit bei sich« hat, »nicht den Namen einer Wissenschaft«. Er bezeichnet sie als »historische Naturlehre«, die nur dann *eigentliche* Wissenschaft heißen darf, »als darin *Mathematik* anzutreffen ist«. Eine Beschleunigung der Entwicklung des Wissenschaftsbegriffs brachte das Scheitern der Französischen Revolution. Einerseits führte Hegels trotziger Protest hiergegen mit seinem Anspruch der Deduktion der Wahrheit aus der Geschichte, die gerade eine Geschichte der Freiheit sein sollte, zum Höhepunkt der systematischen Reduktion der Wirklichkeit: »Die wahre Gestalt, in welcher die Wahrheit existiert, kann allein das wissenschaftliche System derselben sein.« Es liegt auf der Hand, dass sich die oben beschriebene Hypertrophie des inneren, subjektiven Religionsbegriffs seit der Aufklärung und das selbstreferenzielle, systematische Denken in der Philosophie des deutschen Idealismus auf theoretischer Ebene gegenseitig verstärkten. Gleichzeitig begünstigte aber das Leiden an der gespaltenen Wirklichkeit – philosophischer Fortschrittsoptimismus der Aufklärung einerseits, aus der gescheiterten Revolution resultierende politische und soziale Orientierungslosigkeit andererseits – den empirischen Blick auf die Natur (Positivismus) wie auch auf die Vergangenheit (Historismus). Diese Situation ermöglichte es der Wissenschaft, sich dem philosophischen Anspruch an strenge Allgemeinheit, unbedingte Notwendigkeit und absolute Wahrheit Schritt für Schritt zu entziehen. Es setzte eine Pluralisierung, Empirisierung und Methodisierung des Wissenschaftsbegriffs ein, dessen Überdruss an philosophischer Konstruktion der Physiker H. von Helmholtz (1821–1894) in einer privaten Aufzeichnung so ausdrückte: »Naturwissenschaft hat zum Objecte denjenigen Inhalt unserer Vorstellungen, welcher von uns als nicht durch die Selbstthätigkeit unseres Vorstellungsvermögens erzeugt angeschaut wird, d. h. also das als wirklich wahrgenommene.« Auch die sich ab 1820 mehr und mehr der Theologie entwindende Orientalistik kann als ein Resultat dieser Epochendynamik eines sich ausdifferenzierenden Wissenschaftsbegriffs bezeichnet werden. Eine mehr positivistisch ausgerichtete Philologie machte sich an die Rekonstruktion des nicht theologischen Orients. Ihr Interesse galt vor allem der objektiven Religion, das heißt ihren konkreten Erscheinungsformen, etwa archäologischen Relikten. In den 1830er Jahren erfolgte – in England, nicht in Deutschland, wo sie noch einige Jahrzehnte auf sich warten ließ – aus ebendieser Dynamik die Begründung der vergleichenden Religionswissenschaft, jener Disziplin, die Goldziher als bevorzugten Kontext seines Wissenschaftsbegriffs wählte.

Worin bestanden also in der Neuzeit die wichtigsten Verschiebungen auf den semantischen Feldern der Begriffe Religion und Wissenschaft im Vergleich zum Mittelalter? Da die äußere Religion für die kantische beziehungsweise idealistische Philosophie nur akzidentielle Bedeutung besaß, erfuhr sie wenig Beachtung, während die innere Religion in ein immer engeres Verhältnis zur Philosophie trat. Der mittelalterliche Wissenschaftsbegriff, der diese Differenzierung zwischen innerer und äußerer Religion nicht kannte, entwickelte sich in einer kreativ-spannungsvollen Einheit von Physik, Mathematik, Metaphysik und religiöser Tradition. Seine tiefe Verwurzelung in der jüdisch-arabischen Aufklärung des Mittelalters begünstigte Goldzihers Widerstand gegen die Abspaltung der äußeren von der inneren Religion im Zuge der modernen Aufklärung beziehungsweise gegen die philosophische Reduktion der Wissenschaft auf ein System. Dort zeigte sich ihm Religion stets in der Zusammengehörigkeit körperlicher und seelischer Dimensionen. Das Ziel Goldzihers wird es sein, die Vermittlung von Religion und Wissenschaft der systematischen Philosophie zu entziehen, um die körperlich-seelische Einheit der Religion zu wahren. Es ist evident, dass ihm bei seiner Suche nach materiellen Berührungspunkten zwischen Religion und Wissenschaft das neue Konzept einer empirischen Wissenschaft sehr willkommen sein musste. Ein durch die Naturwissenschaften inspirierter Wissenschaftsbegriff konnte seinen Kampf gegen den Begriff einer vergeistigten, von ihrer äußeren, kulturellen Gestalt losgelösten Religion wirksam unterstützen. Und tatsächlich wird Goldzihers wissenschaftliche Methode durch einen stark empirischen Zugang zu den kulturellen Spuren der Religionen gekennzeichnet sein. Wie angedeutet, zeigte sich dieser empirische Wissenschaftsbegriff in Deutschland spät, weil er hier keine Tradition besaß. A. Comte (1798–1857) in Frankreich erklärte mit seinem Drei-Stadien-Gesetz – nach den Stadien der Theologie und Metaphysik – erst die positive, prinzipiengeleitete Empirie zur »wirklichen Wissenschaft«. In Österreich entwickelte E. Mach (1838–1916) mit dem Empiriokritizismus eine ganz eigene Form der rein induktiven Wissenschaft – für ihn lediglich »die Anpassung der Gedanken an die Tatsachen und die Anpassung der Gedanken aneinander«, ohne jegliches System. Besonders wichtig für die empiristische und positivistische Tradition war jedoch die britische Wissenschaft. Die wissenschaftstheoretische Diskussion dort war im 18. Jahrhundert der in Deutschland diametral entgegengelaufen. Der Induktionismus F. Bacons wurde von J. Herschel zu einer Methode weiterentwickelt, die einen von der Beobachtung ausgehenden Prozess der Induktion bis hin zum axiomatischen Wissen behauptete – ein Wissenschaftsbegriff, der für J. S. Mill, M. Faraday, J. C. Maxwell und anfangs auch noch für Charles Darwin (1809–1882) grundlegend war. So erstaunt es nicht, dass in England Friedrich Max Müller (1823–1900) – der von Goldziher überaus bewunderte Begründer der vergleichenden Religionswissenschaft – »die Wissenschaft der Sprache […] eine physische Wissenschaft« nannte.

Kulturelle Vermittlung in der Wissenschaft des Judentums

Das soeben in der Kulturgeschichte des 19. Jahrhunderts lokalisierte Modell einer nicht philosophischen, sondern durch die materielle Kultur vermittelten Beziehung zwischen Religion und Wissenschaft war Goldziher bereits aus dem Kontext der Wissenschaft des Judentums vertraut. Dieser Beziehung galt nämlich das ausdrückliche Interesse dieser wissenschaftspolitischen Bewegung, die sich ab 1822 zunächst in Deutschland entwickelt und mit Gründung der Rabbinerseminare in Breslau (1854) und Budapest (1877) stets weiter nach Osten ausgebreitet hatte. Goldziher betrachtete seine Forschung als Teil dieser Bewegung, seine – allerdings sporadische – Lehrtätigkeit am Budapester Rabbinerseminar und seine Publikationen in den Organen der Wissenschaft des Judentums, etwa der *Magyar Zsidó Szemle*, der *Monatsschrift für Geschichte und Wissenschaft des Judentums* oder der *Revue des Études Juives*, bezeugen das. Daher darf man annehmen, dass Goldziher seine Auffassung vom Verhältnis zwischen Religion und Wissenschaft im Kontext dieser Bewegung reflektierte. Einerseits hat Andreas Gotzmann überzeugend dargelegt, wie die von der entstehenden Zivilgesellschaft verlangte Verinnerlichung der Religion von der deutsch-jüdischen Kultur Anfang des 19. Jahrhunderts zügig übernommen und durch das eigene Erziehungssystem verbreitet wurde. Ethische Konzepte wurden zum Zentrum der jüdischen Religion erklärt, während die in dieser Dichotomie eher der äußeren Religion zuzuweisenden halachischen Vorschriften als nicht zum Wesen der Religion gehörend eingestuft wurden:

»Die Unterscheidung zwischen den ›rechtlichen‹ Aspekten des Judentums, die allgemein wegen ihrer religiösen Natur zurückgewiesen wurden, und seinen erwünschten ›ethischen‹ Inhalten war ein allgemeiner Trend, der in den Werken aller religiösen Richtungen angetroffen werden kann.«

Andererseits hat Gotzmann auch darauf hingewiesen, dass die Übernahme eines Religionsbegriffs durch die jüdischen Gemeinden nicht bedeutete, dass damit eine jahrtausendelange, auf der Halacha basierende Gesetzesreligion ihre Daseinsgrundlage verloren hätte. Die Existenz des Judentums innerhalb einer dominierenden nichtjüdischen Gesellschaft schloss die Aufrechterhaltung einer Dynamik aus der eigenen Tradition nicht aus – ungeachtet eingreifender Transformationen traditioneller Konzepte:

»Die Innensicht zeigt, dass es den alten und neuen Ideologen des deutschen Judentums gelang, die Integrität des Judentums zu verteidigen: Über alle Transformationen hinweg bewahrten sie innere Logik und Strukturen des kulturellen Bedeutungssystems.«

Dies bedeutet, dass trotz der Übernahme der Wertigkeit des Religionsbegriffs aus der Mehrheitsgesellschaft ein starkes Bewusstsein der Differenz des eigenen kulturellen Systems gegenüber dem der umgebenden Gesellschaft fortdauerte. Der scheinbar ahistorische und entkontextualisierte Begriff einer inneren Religion musste in den jüdischen Gemeinden also keineswegs im Widerspruch zur Sensibilität für kulturelle Verschiedenheit stehen. Es ist eine Annahme des vorliegenden Buchs, dass die Wissenschaft des Judentums den Kulturtransfer nicht nur praktizierte und somit die kulturelle Grenze nachdrücklich als schöpferisches Moment handhabte, sondern dass sich in ihren Schriften Ansätze einer ausformulierten Theorie des Kulturtransfers finden lassen. Da diese weitreichende These aber hier aus Raumgründen nicht in toto nachgewiesen werden kann, soll sie im Folgenden zumindest wahrscheinlich gemacht werden. Bewiesen werden soll sie dagegen im weiteren Verlauf für Goldzihers Forschung, insbesondere soll die Frage nach der Rolle der orientalischen Kulturen in seiner Theorie des Kulturtransfers beantwortet werden.

Wie verhält sich die Wissenschaft des Judentums zu einem Religionsbegriff, der die von jeder Religion gestellte Wahrheitsfrage auf eine Wesensfrage reduziert und dabei die innere Religion von der sich in Kultur und Geschichte manifestierenden äußeren Religion ablöst? Anders gefragt: Gibt es im Religionsbegriff der Wissenschaft des Judentums ein Bewusstsein von der kulturellen Differenz als einer transformativen und dadurch traditionserhaltenden Kraft? Obwohl sich der 1819 in Berlin als Antwort auf antijüdische Ausschreitungen gegründete Verein zur Verbesserung des Zustandes der Juden im deutschen Bundesstaate, der spätere Verein für Cultur und Wissenschaft der Juden, schon 1824 wegen politischer und persönlicher Konflikte wieder aufgelöst hatte, genügte seine kurze Existenz, um die Bewegung der Wissenschaft des Judentums anzustoßen. Schon deren Gründungsumstände zeigen, dass diese mehr ist als eine wissenschaftliche Schule. Ihr ging es nicht nur um die Historisierung der jüdischen Traditionen, sondern auch »um die Rehabilitierung des Gegenstandes dieser Geschichte selber, des Judentums, um seine Eingliederung als ebenbürtiger Teilnehmer an der Weltgeschichte des Geistes überhaupt«. Aus diesem Grund »hat die Wissenschaft des Judentums nach innen wie nach außen eine apologetische Tendenz«. Diese Tendenz ist aber nur eine andere Erscheinungsform der oben behaupteten kulturellen Sensibilität der Wissenschaft des Judentums. Ihr Religions- und Wissenschaftsbegriff hatten einen komplexen soziologischen Ort, welcher nach innen Traditionsverbundenheit, aber auch Reform des Judentums zu vermitteln hatte, nach außen kulturelle Partizipation, aber auch Abgrenzung. So sagte Zunz bereits im Jahr 1842: »Der beste Damm gegen die Bekehrer ist die Ausbildung der Religion und der Wissenschaft innerhalb der Juden.« Es genügte also nicht, Religion als die nach innen gerichtete und Wissenschaft als die nach außen gerichtete Seite einer Medaille zu behandeln – die Doppelfunktion von Reform und Traditionsverbundenheit beziehungsweise kultureller Partizipation und Abgrenzung erforderte nach innen und nach außen eine jeweils spezifische Verbindung von Religion und Wissenschaft. Je nach Auffassung darüber, welches Feld das wichtigere für die jüdische Sache sei, haben sich die einzelnen Protagonisten der Wissenschaft des Judentums mehr nach innen oder aber nach außen auf die Ausgestaltung der Verbindung von Religion und Wissenschaft konzentriert. Während sich Steinschneider und Zunz dafür entschieden, jüdische Wissenschaft nach außen sichtbar zu machen – ihre Weigerung, an Rabbinerseminaren zu unterrichten, war eben auch ein Statement für ihre Auffassung von Religion –, hatten sich Frankel und Geiger darauf verlegt, die jüdische Wissenschaft vor allem nach innen für die Reinterpretation der eigenen Religion einzusetzen.

Die apologetische beziehungsweise soziologische Sensibilität der Wissenschaft des Judentums bedeutete, dass allein die Sublimierung der Religion in einen Wesensbegriff keine hinreichende Antwort auf ihre gleichzeitig Partizipation und Abgrenzung erfordernde, komplexe gesellschaftliche Situation gewesen wäre. In der christlichen Zivilgesellschaft ging es darum, die – gesellschaftlichen Zusammenhalt stiftende – Religion reibungslos in das bürgerliche Bewusstsein einzupassen. Dies gelang durch die Verinnerlichung der christlichen Wahrheit als Moral, Geschichtsbewusstsein, Gefühl oder Intentionalität des Handelns. Da die Wissenschaft des Judentums aber neben der Verwissenschaftlichung der eigenen Tradition auch ihre konkrete Erneuerung und neben der kulturellen Partizipation auch die Abgrenzung suchte, musste sie ein eigenständiges Verhältnis zwischen religiöser Wahrheit und Wesensbestimmung des Judentums suchen. Die auf kulturelle Homogenität gegründeten Modelle der Verschmelzung von innerer Religion und Wissenschaft bei Kant, Hegel und Schleiermacher waren der Wissenschaft des Judentums verschlossen. Ebenso zwingend, wie der homogene nationale und säkulare Kontext die Integration der christlichen Religion in den Wissenschaftsbegriff verlangte, so konnte die Wissenschaft des Judentums wegen ihres interkulturellen, inhomogenen Referenzrahmens die spezifische kulturelle Prägung der jüdischen Religion nicht ignorieren. Ihre Eigenständigkeit hing davon ab, dass ihre kulturelle Prägung auch zu einem wissenschaftlich nicht sublimierbaren Faktor gemacht wurde. Genau dies versucht Goldzihers Modell einer interkulturell kodierten Verschränkung von Wissenschaft und Religion. Und dies ist auch der systematische Grund dafür, dass Goldziher im Kontext der Wissenschaft des Judentums analysiert werden muss.

Schon 1818 im Kontext des *Wissenschaftszirkels,* eines studentischen Gesprächskreises in Berlin, hatte Leopold Zunz, der führende Kopf des Vereins, unter dem Titel *Etwas über die rabbinische Litteratur* die Systematik einer jüdischen Wissenschaft entworfen. Jedoch wird häufig als

Programmschrift des Vereins und der späteren Wissenschaft des Judentums Immanuel Wolfs (ab 1822 Wohlwill; 1799–1847) Aufsatz *Ueber den Begriff einer Wissenschaft des Judentums* in der ersten Ausgabe der Zeitschrift für die Wissenschaft des Judenthums (1822) bezeichnet. Dieser stark an Kants und Hegels Philosophien angelehnte Text nimmt jedoch die in der Folge von den Forschern der Wissenschaft des Judentums gehandhabten Begriffe der Religion und der Wissenschaft keineswegs vorweg. Überhaupt wäre es ein Missverständnis, wenn das hier Angedeutete so verstanden würde, als wären sich diese Forscher über einen Begriff interkulturell konnotierter Religion einig gewesen. Das Werk von Immanuel Wolf, von Zunz, Steinschneider und Geiger muss vielmehr als ein Laboratorium konkurrierender Modelle zum Verhältnis von Religion und Wissenschaft im Judentum verstanden werden. Gleichwohl ist Wolfs Modell einer kulturell konnotierten Verbindung von Wissenschaft und Religion nicht nur eines der ersten, dem eine lange Reihe weiterer Modelle folgen sollte, sondern es ist für die Umdeutung des philosophischen Denkrahmens im Hinblick auf Goldziher ein besonders wegweisendes. Zunächst beginnt Wolf in *Ueber den Begriff einer Wissenschaft des Judentums,* man kann es nicht anders nennen, das Judentum innerhalb der Koordinaten der kantischen Philosophie zu interpretieren. Das Judentum sei »ein Ganzes«, das auf einem »innern Princip« (Wolf, 16) beruhe, welches ihm in seiner religiösen Idee offenbart worden sei. Dieses Prinzip sei die dem jüdischen Volk gegebene »Idee der unbedingten Einheit im All«. Einerseits betont Wolf, dass das Judentum ein »nach Principien geordnetes Ganzes der Erkenntnis« sei, das deswegen »der wissenschaftlichen Behandlung fähig und bedürftig« sei, ja, ganz im Sinne Kants sei die Wissenschaft des Judentums die notwendige »systematische Entwickelung und Darstellung ihres Objekts nach seinem ganzen Umfange, an und für sich, nicht für einen fremden Zweck«; andererseits wird die Idee des Judentums im letzten Drittel seines Artikels stets deutlicher mit kulturellen oder gesellschaftlichen Größen verflochten: Wegen der langen jüdischen Geschichte müsse die Idee des Judentums »eben deshalb in dem Wesen der Menschheit selbst gegründet seyn«. Über die Wissenschaft müssten sich die Juden »als rüstige Mitarbeiter an dem gemeinsamen Werke der Menschheit bewähren«. Schließlich gipfelt der Artikel in einer anthropologischen Deutung der konkreten Einheit von Hegels Begriff der Wissenschaft: »Und soll je ein Band das ganze Menschengeschlecht umschlingen, so ist es das Band der Wissenschaft, das Band der reinen Vernünftigkeit, das Band der Wahrheit« (Wolf, 24), hervorgegangen aus dem »gemeinsamen Werke der Menschheit« unter Einschluss der Juden.

Lässt Wolfs weitgehend unausgearbeitete Vorstellung von der kulturellen Konnotation der jüdischen Wissenschaft ein Konzept nach Art des Kulturtransfers vermissen – er folgt im Sog des hegelschen Monismus eher einer Idee kultureller Einheit –, so bildet die kulturelle Zäsur in Leopold Zunz' wissenschaftlicher Methode einen bewussten Bestandteil. Max Wiener zufolge besagt »die Idee der Wissenschaft gerade bei Zunz viel mehr [...] als nur erkenntnismäßige Reflexion über die Vergangenheit in Gestalt der Durchleuchtung ihrer Urkunden«. Zunz verortete seine Forschung von Beginn an innerhalb des neuen kulturalistischen Paradigmas seines Lehrers August Boeckh, der prognostizierte: »wie sich die vergleichende Sprachenkunde gebildet hat, ebenso dürfte sich eine vergleichende Culturgeschichte des gesammten Alterthums mit der Zeit als eine Hauptaufgabe der philologischen

Wissenschaft herausstellen.« Zunz erforschte also das Judentum nicht als eine (innere) Religion, sondern als eine Kultur unter Kulturen. Die Basis dieser Kultur sind ihre literarischen Zeugnisse – und zwar alle, nicht nur die mit offenkundig religiösem Inhalt: Theologie, Mythologie, Religion, Jurisprudenz, Ethik, Mathematik, Astronomie, Gewerbekunde, Musik etc. Darüber hinaus entgrenzt Zunz die jüdische Altertumskunde zeitlich und räumlich. Zum einen fordert er die Fortschreibung der Geschichte der jüdischen Kultur bis in die Gegenwart, zum anderen die Berücksichtigung von äußeren kontingenten Faktoren der Kultur: Es gelte, die jüdische Literatur als Schlüssel zu gebrauchen

»zur Gesammtkenntniss ihres Culturganges durch alle Zeiten hindurch – wie in jedem Moment ihr Wesen aus dem Gegebenen und dem Hinzukommenden, d. i. aus dem Innern und dem Aeussern sich gestaltet, – wie Schicksal, Klima, Sitten, Religion und Zufall freundschaftlich oder feindlich in einander greifen, – und wie endlich die Gegenwart, als aller dagewesenen Erscheinungen nothwendiges Resultat dasteht […].«

Wegen der zeitlichen und räumlichen Entgrenzung ist nach Zunz die jüdische Kultur zu jedem Zeitpunkt auch als ein Akteur der europäischen Kulturgeschichte zu begreifen:

»[D]ie Juden [sind] nach Volksthum und Bekenntniss ein Ganzes, dessen Richtungen von einheitlichen, mit ihren Wurzeln in das tiefste Alterthum hineinragenden, Gesetzen gelenkt werden, und dessen geistige Erzeugnisse, bereits über zwei Jahrtausende, eine Lebensfaser unzerreissbar durchzieht […]. Aber sie [die jüdische Literatur] ist auch aufs Innigste mit der Cultur der Alten, dem Ursprung und Fortgang des Christenthums, der wissenschaftlichen Thätigkeit des Mittelalters verflochten, und indem sie in die geistigen Richtungen von Vor- und Mitwelt eingreift, Kämpfe und Leiden theilend, wird sie zugleich eine Ergänzung der allgemeinen Literatur […].«

Das notwendig kulturübergreifende Sich-Erstrecken der jüdischen Literatur ergänzt dabei nicht nur die allgemeine Literatur, sondern vermag gerade in der Zäsur zwischen beiden das Allgemeine (der Wissenschaft?) selbst zu erkennen: »[A]ber mit eigenem Organismus [ist die jüdische Literatur ausgestattet], der nach allgemeinen Gesetzen erkannt, das Allgemeine wieder erkennen hilft«.

In ganz anderer Weise, aber nicht weniger radikal, ist Abraham Geigers wissenschaftlicher Ansatz durch die kulturelle Zäsur zwischen jüdischer und nichtjüdischer Geschichte geprägt. Auf den ersten Blick scheint es, als richte Geiger seinen Blick nur ins Innere der jüdischen Gesellschaft, genauer auf das religiöse Bewusstsein, als dessen Quelle er den jüdischen Geist bezeichnet:

»[Es ist] zum wahren Heile des Judenthums, daß der einzelne Jude oder der jüdische Theologe nicht ›seinen Glaubensbestand‹ an dem Glaubensbestande der Gesammtheit zu messen hat und danach seine Angehörigkeit zu beurtheilen ist, sondern daß lediglich der Maßstab ist, inwiefern er […] sich im innigen Zusammenhange mit dem in der Judenheit herrschenden Geiste weiß.«

Dieser Geist wird an seiner verlebendigenden Kraft erkannt und kann so zu allen Zeiten identifiziert werden: »Wenn das Judenthum sich selbst als eine vitale Kraft *in uns* zeigt, dann wissen wir, dass diese Kraft genauso kreativ in allen Zeiten gewirkt haben muss […].« Jedoch ist die Entdeckung der Kontinuität des subjektiv erfahrenen Geistes nur der erste Teil der von Geiger vollzogenen hermeneutischen Bewegung. Der jüdische Geist schließt nach Geiger auch stets die höheren Erkenntnisse einer Epoche ein. Gerade deshalb, weil die jüdische Wissenschaft in der Kontinuität jenes Geistes gegründet sei, folge daraus:

»Die Erkenntnis der Vergangenheit muß Leben spendend für die Gegenwart werden, die Geschichte muß auslaufen in eine gesunde Gegenwart, so daß, wie in den Thatsachen der Vergangenheit die Ausprägung des damaligen Geistes [...] gefunden wird, auch die Gegenwart die volle Äußerung der gewonnenen höheren Erkenntnis sei.«

Die Wissenschaft hat damit kulturell gesehen eine Doppelfunktion: Sie zerschneidet ein nur aufgrund der Autorität der Vorfahren gewirktes Band mit der Gegenwart, gleichzeitig drückt sich durch sie zu jeder Zeit der verlebendigende Geist des Judentums aus: Was die Vorfahren »als todte Werkzeuge göttlicher Eingebung verloren, das gewannen sie nun wieder als lebendige Inhaber des sittlich-religiösen und wissenschaftlichen Geistes in seiner geschichtlichen Stufe«. In diesem Sinn einer Verschmelzung des religiösen Geistes mit dem wissenschaftlichen Wissen einer Epoche ist Geigers Wort zu verstehen: »Im religiösen Leben geht *sicher* die Freiheit vor der Einheit!« Die Bindung des lebendigen religiösen Bewusstseins an die jeweils zeitgenössische Bildung verleiht Geigers Methode daher eine strukturell kulturübergreifende Komponente. Das von ihm angestrebte Gleichgewicht zwischen Religion und Wissenschaft erfordert, dass beide sich stets auf demselben kulturellen Entwicklungsniveau befinden. So schätzt Geiger einerseits die Absorption der jüdisch-arabischen Wissenschaft durch Maimonides sehr – »Besser einen Einsichtsvollen gefördert, als zehntausend Thoren geschont!« –, um sofort anzuschließen, dessen Wissenschaft sei nicht mehr die der modernen Epoche: »Darin, in seiner frischen, für alle Zeiten anregenden Kraft, nicht in seinem verkommenen Aristotelismus […] liegt seine wahre Größe.« So beschreibt Geiger das Verhältnis von Religion und Wissenschaft als das einer sich stets neu auf den jeweiligen kulturellen Horizont abstimmenden Wechselwirkung. Die Anführer des jüdischen Volks sollten »nicht in dualistischer Theilung zwischen Religion und Wissenschaft scheidend, nicht sie in sich zufällig vereinigend, sondern beide in ihrer nothwendigen Wechselwirkung, in ihrem Einssein in sich aufnehmend und darstellend« agieren. Dies erfordere, so Geiger in seiner *Allgemeinen Einleitung in die Wissenschaft des Judentums,* dass es der Wissenschaft des Judentums nicht nur um die Erforschung der »eigentümlichen Geisteskraft« im Judentum gehe, sondern um deren Wahrnehmung im kulturellen Kontext:

»Das Interesse an dieser eigenthümlichen Geisteskraft erhöht sich durch die Wahrnehmung, dass sie nicht abgeschlossen und entlegen gewirkt, dass sie vielmehr fast allezeit in Mitten der mächtigsten welthistorischen Geistesströmungen, in den Brennpunkten massgebender Culturentwicklung ihre Thätigkeit geübt hat.«

Entscheidend ist für Geiger dabei der Vorgang, der heute als Kulturtransfer bezeichnet wird, nämlich die Fähigkeit der jüdischen »Geisteskraft«, nicht in den umgebenden Großkulturen aufgegangen zu sein, »sondern sie in sich nach ihrer Weise verarbeitet« zu haben.

Schließlich ist auf ein letztes der in der Wissenschaft des Judentums praktizierten Modelle kultureller Vermittlung von Religion und Wissenschaft – im Unterschied zur Tendenz philosophischer Vermittlung in der dominierenden Mehrheitskultur – hinzuweisen, den Forschungsansatz Moritz Steinschneiders. Er ist im Hinblick auf Goldziher besonders wichtig, weil beide ein ausdrücklich kulturgeschichtliches, also kulturübergreifendes Forschungsprogramm verfolgten. Als den »Centralpunkt« seines Programms bezeichnete Steinschneider »die Beziehung der jüdischen Literatur zu anderen Literaturen des Mittelalters«. Vielleicht waren es diese Steinschneider vor allem interessierenden Prozesse *zwischen* Literaturen und damit die eher horizontale Pendelbewegung über kulturelle Grenzen hinweg, welche Salo W. Baron zu der lakonischen Feststellung veranlasste, Steinschneider sei »kein Historiker« gewesen. Mehr als die lineare historische Darstellung interessierte Steinschneider die kulturgeschichtliche Dynamik als Bedingung der literarischen Produktion:

> »Die Culturgeschichte der Juden ist darum so schwierig, so wenig durchgeführt, zum Teil streitig, weil es ihr an einem angemessenen Maassstabe fehlt, an einem Seitenstück. [...] Hingegen ist die Behandlung der Juden ein Maassstab für die Cultur der Völker und Religionen geworden [...].«

Nicht nur im Falle einer feindlich gesinnten Umgebung, sondern grundsätzlich bestehe bei »der Cultur der Juden, die von ihrer Teilnahme an den Bestrebungen ihrer Umgebung abhing, also wiederum von ihrer Stellung im Staate oder Lande«, das grundsätzliche historiografische Problem des fehlenden Referenzpunktes. Die Erforschung der Kulturgeschichte heißt also für Steinschneider, modern ausgedrückt, von der kulturellen Zäsur ausgehen zu müssen: Die Geschichte einer Kultur kann nicht aus sich selbst erfasst werden, sondern bedarf immer erst der Übersetzung in eine andere Sprache. Erst in der dialektischen Bewegung zwischen den Sprachen kann die Eigenheit einer Kultur erkannt werden. Dieser sprachübergreifende Ansatz spiegelt sich bereits in den Titeln von Steinschneiders wichtigsten Werken: *Die hebräischen Übersetzungen des Mittelalters und die Juden als Dolmetscher; Die arabische Literatur der Juden; Polemische und apologetische Literatur in arabischer Sprache. Zwischen Muslimen, Juden und Christen* etc. So ist es kein Zufall, dass Steinschneider seinen Buchlänge erreichenden Artikel zur *Jüdischen Literatur* (1850) in der *Allgemeinen Encyclopädie der Wissenschaften und Künste* – Zunz' Periodeneinteilung folgend – nach kulturellen und sprachlichen Überlappungsfeldern gegliedert hat. Zum Übergang der jüdischen Literatur von der ersten zur zweiten Periode im 8. Jahrhundert u. Z. schreibt Steinschneider:

»Der Beginn der zweiten Periode ist nicht ohne Analogie mit dem der ersten. Sowie die erste Periode, des Midrasch, in der dunkeln Zeit der großen Synode sich vorbereitet, deren literarische Producte noch der Bibel und den Apokryphen angehören, sowie das Hinzutreten der griechischen und römischen Cultur religiöse Parteien hervorruft und eine concretere Gestaltung von Glauben und Leben befördert, […] so keimen auch zur Zeit der mittlern Gaonim (8. Jahrh.) die ersten Saaten der neuen arabischen Wissenschaft […] bis die neue Weisheit allgemein wird […] und wissenschaftliche und religiöse Systeme und Richtungen fixiert.«

Im Übergang von der zweiten zur dritten Periode nach der Vertreibung der Juden aus Spanien stellt Steinschneider erneut fest:

»Die Momente, welche unsere Periodentheilung begründen, gehören theils der allgemeinen Cultur- und Weltgeschichte, theils der jüdischen Geschichte insbesondere an. Während im Mittelalter die arabische und lateinische Sprache fast die einzigen Organe der Muhammedanischen und christlichen Autoren waren, [...] sind es nun fast alle Sprachen Europa's in ihrer bedeutenden Verschiedenheit, und auch zuerst mit ihrem *Schriftcharakter* bei Juden hervortretend.«

Die den Umfang aller anderen Abschnitte beinahe um das Doppelte übertreffende Behandlung der zweiten Periode zeigt Steinschneiders Bevorzugung des arabischen Referenzpunktes für die jüdische Kulturgeschichte – keineswegs abwegig, da über tausend Jahre lang die weit überwiegende Zahl der Juden unter muslimischer Herrschaft gelebt hat. Im Jahr 1880 erklärt Steinschneider in folgender bekannter Passage, unter welches Vorzeichen er von Anfang an seine gesamte Forschung gestellt habe:

»Vor ungefähr 40 Jahren, im hoffnungsvollen Eifer der Jugend meiner Person und einer aufblühenden Wissenschaft, stellte ich mir eine Aufgabe, deren Umfang, Tragweite und Anforderungen allerdings erst bei weiterem Vordringen in die Einzelheiten fast entmuthigend sich enthüllten: die Beziehungen des Islams und Judenthums in religiöser, literarischer und culturhistorischer Beziehung.«

Eine Konsequenz von Steinschneiders kulturgeschichtlichem Ansatz ist das Panorama einer jüdischen Geschichte, die fast vollständig ohne ihren religiösen Horizont auskommt. Ismar Schorsch formulierte es so: »Steinschneider war innerhalb der islamischen Sphäre auch in der Lage, eine durch interkulturelle Anregung statt durch Verfolgung definierte jüdische Kultur zu beschreiben.«

Während sich aber nach Schorsch Steinschneiders kulturgeschichtliche Methode durch die Abwesenheit der Religion auszeichnet, weist Goldzihers kulturgeschichtlicher Ansatz einen entgegengesetzten Befund auf. Auch dieser hatte seinen Fokus auf dem Islam, auch er beruhte auf einer Analyse der kulturellen Zäsur, jedoch gelang es Goldziher, seine wissenschaftliche Methodik auch in eine historische Kontinuität der jüdischen Religion selbst zu stellen.

Traditionsbildung durch Wissen(schaft)stransfer

In welches Verhältnis brachte nun Ignác Goldziher den Religions- und Wissenschaftsbegriff im Vergleich zu den oben vorgestellten Ansätzen von Zunz, Geiger und Steinschneider, und welche Rolle wies er dabei der Kultur zu? Auch wenn alle drei Autoren ihrer Wissenschaftsauffassung den nachidealistischen Wissenschaftsbegriff zugrunde legten, der erlaubte, die jüdische Religion als eine empirisch verifizierbare Kultur zu thematisieren, so taten sie dies doch in recht unterschiedlicher Weise. Zunz ging daran, den Begriff der rabbinischen Literatur zu weiten. Er fächerte ihn in eine breite Palette literarischer Gattungen auf, für deren Bearbeitung er die philologische Methode empfahl. Steinschneider setzte die inhaltliche und methodische Profilierung des kulturellen Paradigmas fort, indem er sich nicht wie Zunz auf die religiöse Literatur, sondern auf die »säkulare« Literatur der jüdisch-arabischen Wissenschaften konzentrierte und die interkulturellen Entstehungsbedingungen dieser Literatur in den Blick nahm. Mit dieser Entwicklung war aber das mit der Deutung der jüdischen Traditionen als Kultur auch verfolgte Ziel, nämlich die Demontage der rabbinischen Autorität, so radikal verwirklicht, dass die Tradition für Zunz und vor allem für Steinschneider keine kollektiv bindende Kraft mehr besaß. Geiger fragte Zunz in einem Brief vom 19. März 1845, warum dieser versuche, in der Geschichte statt in der Gegenwart »die Norm für unsere geistige Thätigkeit« zu erkennen. Aus diesem Grund verlagerte Geiger den Akzent von der vergangenen auf die gegenwärtige Kultur, indem er die Erkenntnis des lebendigen jüdischen Geistes an dessen notwendige Wechselwirkung mit der aktuellen Wissenschaft band. Die Bedingung der Notwendigkeit einer Wechselwirkung zwischen Wissenschaft und Religion barg jedoch die Gefahr, dass der Geist der jüdischen Tradition im (Zeit-)Geist der Wissenschaft aufging, die Tradition ihre Gravitation im Erbe der Vergangenheit verlor.

Es scheint, dass die Genese von Goldzihers wissenschaftlicher Methode in dieser wissenschaftsgeschichtlichen Konstellation ihren Ort hat. Das schwankende Verhältnis zwischen Religion, Wissenschaft und Kultur – entweder die Durchdringung von Wissenschaft und gegenwärtiger jüdischer Kultur zum Nachteil der Kontinuität der Tradition oder von Wissenschaft und Tradition des Judentums um den Preis des Verlustes ihrer kulturellen Lebendigkeit in der Gegenwart – überdenkend, hat er ein alternatives Modell der kulturellen Vermittlung von Wissenschaft und Religion vorgeschlagen. In zwei Schritten soll im Folgenden gezeigt werden, wie Goldziher die wissenschaftliche Erforschung der Religion und das Bewusstsein von einer lebendigen Tradition miteinander verband, ohne sie miteinander zu identifizieren (gegen Geiger), und wie das Paradigma der Kultur zwischen Wissenschaft und Religion zu vermitteln vermag, ohne den Lebensnerv der Tradition für die Gegenwart preiszugeben (gegen Steinschneider und Zunz). In welchem

Verhältnis zueinander stehen also in Goldzihers Werk die Wissenschaft und die als lebendige Tradition wirkende Religion? Dass Goldzihers wissenschaftlicher Methode eine ungewöhnliche Motivation zugrunde liegen müsse, wurde schon länger empfunden. Wie Ludmilla Hanisch bemerkte, lässt sich in der Islamforschung eine grundsätzliche Unsicherheit hinsichtlich Goldzihers Methode beobachten. Hanisch beklagt, dass die Klärung von Goldzihers »Motiv für seine filigrane und zugleich den weiten Horizont ausleuchtende Beschäftigung mit der islamischen Theologie und der arabischen Geistesgeschichte [...] in der Literatur keinen Gegenstand ausführlicher Aufmerksamkeit« bilde. In der Tat gehen die bestehenden Meinungen sehr weit auseinander. Jacques Waardenburg gesteht zu, dass Goldzihers Detailforschung einen objektiven Eindruck macht. Jedoch hält er dessen »Konzeption des Islam in seiner Gesamtheit« für subjektiv. Genauer gesagt habe ein jüdisches »sentiment religieux« seine Forschung geleitet: »Goldziher muss im Islam eine Schwesterreligion seiner eigenen Religion gesehen haben, [...] eine Vision, die durch seinen jüdischen Gottesbegriff inspiriert war.« Im Gegensatz dazu bezeichnete Róbert Simon eine solche Position, wonach »die historische Entwicklung der Araber und der Juden wie auch die ihrer sozialen Reproduktion zugrunde liegenden religiösen Ideologien, [...] verwandte Phänomene seien«, mit unüberhörbarer Schärfe als »obvious historical trash«.

Zur Lösung der dringlichen Frage, ob es Goldziher gelingt, die Kontinuität der jüdischen Traditionen zu wahren und sie gleichzeitig in der Wissenschaft objektiv darzustellen, kann erneut die Perspektive des Kulturtransfers dienen. Durch ihren nicht nationalen, dynamischen Kulturbegriff kann sie Prozesse kultureller Mehrfachkodierung an ein und demselben Ort sichtbar machen. Es scheint, als habe sich Goldziher diese Perspektive nicht nur für seinen Forschungsgegenstand, sondern in seiner Methode bewusst zu eigen gemacht.

Wie könnte der Vorwurf einer Vermischung objektiver Wissenschaft mit subjektivem Glauben besser geprüft werden als im Privatissimum von Goldzihers Tagebüchern? Falls er mit der Wissenschaft religiöse Absichten hegte, müssten diese hier zuerst zutage treten. Aber in Goldzihers speziellem Orienttagebuch, das er auf seiner Orientreise vom 1. September 1873 bis 14. Januar 1874 geführt hat, finden sich drastische Passagen, die seine Überzeugung von der Unvereinbarkeit eines wissenschaftlichen Textverständnisses mit dem gegenwärtigen religiösen Geist des Judentums zum Ausdruck bringen. Goldziher befindet sich am 1. Oktober 1873, dem Versöhnungstag, in Istanbul. Er besucht zuerst eine sephardische Synagoge in Chassköi, anschließend eine aschkenasische in Pera. Beide verlässt er nach kurzer Zeit wieder, weil er für seine – vor dem Hintergrund eines wissenschaftlichen Textverständnisses gewachsene – individuelle Frömmigkeit innerhalb der Gemeinde keinen Platz spürt: »Die Synagoge nämlich machte sich lustig über meine Thränen, lachte über meine Rührung, spöttelte meiner Erschütterung.« Goldziher notiert anschließend eine lange Tirade über den jüdischen Gottesdienst, den die wissenschaftliche Kritik als Götzendienst entlarvt habe:

»Seitdem ich auf wissenschaftlichem Wege zur Ernüchterung gekommen bin, aus der trunkenen Ideale, die ich an die Synagoge knüpfte; seitdem ich nicht an den Rabbinismus denken kann, ohne ein Ecraser l'infame hinzuzufügen; seitdem ich auf dem Wege der Religionsgeschichte u. der Exegese dazu gekommen bin, das Ideal einer Religion in mir zu nähren, welche ohne dem cynisch-rohen Zeug, das man Synagoge oder Kirche nennt, als Hintergrund zu dienen auch nicht mit dem verschwommenen ›Kultus des Genius‹ identisch ist; seitdem hat mich das jüdische Bethaus immer mehr angeekelt, als erbaut, weil ich darin die raffinirteste Potenz von Götzendienst verabscheue.«

Goldziher wollte sich gerade an Jom Kippur mit dem »wackeligen Rabbinismus« noch einmal versöhnen, aber:

»Ich habe mich nicht versöhnt mit ihm, der diesjährige letzte Schofarton ist ein Schlachtenruf für mich zum Kampfe gegen diesen Amalek der Menschheit, Kampf gegen ihn bis zur Vernichtung. Krieg gegen den bösen Geist der Heuchelei, der sittenlosen Werkheiligkeit, der seelentödtenden Siddur u. Machsorreligion; Kampf für die Religion der Ideale, für die Befreiung aus dem Staube, aus den Fesseln des Fleisches! Ich werde diesen Versöhnungstag nie vergessen.«

So sehr Goldziher in diesem Erlebnis die Unvereinbarkeit seiner wissenschaftlichen Herangehensweise mit dem Judentum als überkommenem Ritus zum Ausdruck bringt, so geradezu schockiert war er gleichzeitig darüber, dass sich in ihm selbst wissenschaftliche Analyse der jüdischen Tradition und subjektiver Zugang zum religiösen Ritus keineswegs ausschlossen:

»Ich habe bitter geweint, gejammert, als ich die mir vorgeschriebenen Sünden ableierte, habe geheult, als ich ›unseren Vater und König‹ mit den mir wieder vorgeschriebenen Bitten belästigte, habe mich gehoben gefühlt, als ich die Thora küsste, deren Sagen u. Mythen ich erbarmungslos analysire, deren Verfasserbureau ich sicher zu construiren mich getraue, deren Entstehung ich auf Jahr u. Tag mit stolzer Sicherheit festzustellen ich [sic] mich erkühne. Bin ich schwach oder verrückt? Ein Heuchler bin ich nicht; denn meine Thränen flossen zu unendlich salzig wider meinen Willen möchte ich sagen. Erklärt Ihr es Freunde; ich vermag es nicht.«

Einige Tage später schildert Goldziher in seinem Orienttagebuch erneut eine Episode, aus der hervorgeht, dass eine nach Objektivität strebende Wissenschaft keineswegs den lebendigen Zugang zur Tradition behindert. Ja, richtig verstanden folgt aus ihrer streng wissenschaftlichen Behandlung der lebendige Zugang zur Tradition! Bezeichnenderweise ereignete sich diese Szene aber nicht in der Synagoge, sondern in der Natur. Goldziher hat Istanbul verlassen und befindet sich nachts an Deck eines Schiffes:

»Das Wetter war ein unerwartet Schönes, kein Lüftchen störte die ruhige glatte Oberfläche des Meeres und der mit Sternen dicht besäte Nachthimmel lachte auf mich fröhlich und selbstzufrieden herab als wollte er mir Beifall zollen für die mythologische Theorie zu welcher ich ihn verarbeitete und über welche unter seinen eigenen Augen nachdachte. Es lächelten auf mich herab die alten Gestalten Abrahams, Lots, Jakobs, als grollten sie mir garnicht, dass ich ihnen ihr altes Recht endlich mit der ganzen sittlichen Freiheit dessen der edle Gedanke fähig ist, widerfahren lasse, ja als ob sie ihres Retters warteten und ihn in mir nun gefunden haben möchten.«

An der Notwendigkeit der scharfen Zäsur zwischen Wissenschaft und Religion hegt Goldziher keinen Zweifel. Allerdings besitzt bei ihm die Religion selber eine Affinität zur Wissenschaft – nicht um die Wissenschaft zu spiritualisieren, sondern um sich vom wissenschaftlichen Geist selber bereitwillig durchdringen zu lassen.

Zur Beantwortung der zweiten oben gestellten Frage, nämlich wie das Paradigma der Kultur zwischen Wissenschaft und Religion vermitteln kann, ohne den Lebensnerv der Tradition preiszugeben, soll eine weitere Quelle herangezogen werden: eine *Predigt zu Rosch ha-Schana*, die Goldziher am 3. Oktober 1913 in Stockholm gehalten hat. Goldziher war diese Predigt sehr wichtig. In einem Brief an seinen Freund Abraham Yahuda vom 18. März 1914, dem er sie zuvor geschickt hatte, freut sich Goldziher: »Meine דרשת ר"ה [Predigt zu Rosch ha-Schana] hat auch Ihren Beifall gefunden. Sie solle ein Bekenntnis sein meiner Überzeugung in den mir wichtigen Fragen der jüdischen Religion. Es tut mir wohl, dies vor meinem Tod hier auf Erden noch abgelegt zu haben.« Zunächst bestätigt und präzisiert er in dieser *Tradition und Dogma* (TuD) überschriebenen *Derasha* seine Position im Orienttagebuch zum Verhältnis von Wissenschaft und Religion. Dem Anlass entsprechend geht Goldziher diese Frage nun aus der Sicht der Religion an und verspricht zu Beginn die Beantwortung der Frage, »in welchem Sinn wir die Tradition und […] *nur* die Tradition als den eigentlichen Lebensnerv aller den Kreis der Religionstatsachen bildenden Erscheinungen zu betrachten haben«. Seine Antwort erachtet er als gültig für alle Religionen, »[d]enn es gibt wohl keine Frage, deren Beantwortung die Lebensbedingungen aller Religion in entscheidenderer Weise ins Auge faßt, als die Frage nach den Faktoren des organischen Zusammenhanges der religiösen Gegenwart und Zukunft mit dem religiösen Altertum« (TuD, 6). In diesem Sinn unterscheidet Goldziher zwischen toten und lebendigen Traditionen. Ersteren steht der Forscher als einem »für ewig abgeschlossenen Objekt gegenüber […], an dessen Leben seine eigene Seele keinen subjektiven Anteil hat« (TuD, 7). Für letzteren Fall gilt das Gegenteil:

»[Lebendige Tradition kann] nicht abseits stehen von dem Gesamtresultate unserer geistigen Kräfte, von allen jenen Faktoren, die zusammen unser geistiges und sittliches Leben, sagen wir es mit einem kurzen Worte heraus, unsere Bildung ausmachen; sie muß vielmehr mit ihr in innigster Wechselwirkung stehen, muß sie einerseits tätig beeinflussen, so wie sie wieder anderseits ihre Einwirkung muß aufgenommen haben.« (TuD, 7f.)

Goldziher veranschaulicht die Wechselwirkung zwischen der lebendigen Tradition und der (wissenschaftlichen) Bildung mit einem Argument aus der Psychologie, genauer der mathematisch-quantitativen Psychologie Johann Friedrich Herbarts (1776–1841). Die darin behaupteten funktionalen Zusammenhänge in der Seele, etwa die entweder harmonische oder disharmonische Durchdringung ihrer Inhalte – Freud sprach später von Verdrängung –, wurden wegweisend. Über die religiösen Emotionen stellt Goldziher fest:

»[Sie] leben nicht isoliert in einer abgeschlossenen Ecke der Seele, abgeschieden von allem anderen Besitz derselben. Psychologen vom Fach werden Ihnen erörtern, daß dies eine geradezu absurde Vorstellung vom Leben der Seele wäre. Die religiöse Stimmung hat keinen separaten Resonanzboden in unserer Seele. Sie ist, wo sie vorhanden ist, Modalität an einem unteilbaren Ganzen.« (TuD, 22)

Seine Ausdrucksweise im Orienttagebuch präzisierend, bestimmt Goldziher also das Verhältnis der Religion zur Wissenschaft im Kontext der Seele als eine »Modalität an einem unteilbaren Ganzen«. Religion beschreibt er damit als Akzidens einer Substanz – eine Begrifflichkeit, die sowohl eine (nichtwesenhafte) Beziehung als auch eine (wesenhafte) Differenz ausdrückt. Folglich muss Goldzihers

Ausdrucksweise schwanken, je nachdem ob er mehr den Differenz- oder den Beziehungsaspekt betont. Letzteres scheint er zu tun, wenn er fortfährt und feststellt, dass die religiöse Tradition »untrennbar zusammengewachsen ist mit allem anderen Inhalt unseres geistigen Lebens: mit unserer ethischen Bestimmtheit, mit unserem Bildungsbesitz, mit unseren wissenschaftlichen Ueberzeugungen, mit unseren sozialen Bestrebungen, mit unseren ästhetischen Anlagen« (TuD, 22). Jedoch deutet eine wörtliche Lesart des metaphorischen Ausdrucks von dem Zusammengewachsen-Sein gerade auch auf die ursprüngliche Differenz von Religion und Wissenschaft hin.

Wie steht es aber um die Rolle der Kultur zwischen Religion und Wissenschaft? Die tote Tradition stehe mit der kulturellen Entwicklungen der Gegenwart in keiner lebendigen Beziehung; ihre Objekte wie etwa die Mumie eines Pharaos seien »abgestorbene Trümmer einer toten Vergangenheit, historische Hieroglyphen, an denen sich zur Not der täuschende Funke erheuchelter Romantik entflammen könnte«. Während zu diesen Objekten »keine bewußte Kontinuität« mehr bestehe und man mit ihnen nicht mehr »in seelischer Verbindung« stehe, erfordere die lebendige Tradition, dass eine »überkommene Idee, Uebung oder Institution, die infolge ihres organischen Zusammenhanges mit dem Seelenleben von einer jeden der aufeinanderfolgenden Generationen, die an ihnen lebendigen und tätigen Anteil haben, neu erworben und geschaffen wird« (TuD, 7). Durch die hier von Goldziher verlangte permanente Neuschaffung und Neuerwerbung der Tradition im Seelenleben muss diese notwendig Teil der allgemeinen kulturellen Dynamik einer Zeit werden. Damit können ihrerseits die religiösen Traditionen »nicht unbeteiligt sein an der fortschreitenden Entwicklung, am Ausbau unserer Kenntnisse, unserer Erfahrungen, unserer gesamten wissenschaftlichen Errungenschaft« (TuD, 22) – ja, Goldziher scheut sich nicht, von der Identität der religiösen Tradition und den Elementen der allgemeinen kulturellen Entwicklung zu sprechen:

»Sie [die religiöse Tradition] muß mit diesen Elementen unseres geistigen Wesens eine ungetrennte Einheit bilden, sie erhält ihre Bedeutung durch ihre Harmonie, durch ihre Identität mit denselben. Ja, sie erhält ihr Leben erst durch diese ihre Stelle in der Einheit des Seelenlebens.« (TuD, 22)

Jedoch wissen wir bereits, dass ebendiese Stelle in der Einheit der Seele nur als akzidentielles Einssein mit dem Bewusstsein der Seele definiert ist. Diese Doppelung des Bezugs der Religion zum momentanen Kulturbewusstsein präzisiert Goldziher am Begriff der Entwicklung – eigentlich ein konservativer Begriff, der zwei Aspekte bezeichnet: zum einen die vorwärtsgerichtete Veränderung; diese jedoch nur unter der rückwärtsgewandten Bedingung einer Wahrung der Ausgangssubstanz. Von einer lebendigen Tradition könne nur gesprochen werden, solange ihre Entwicklung mit der Neuschaffung auch die Substanz bewahre:

»Mit denselben [den jeweiligen Gewissheiten, die sich der Geist zu eigen gemacht hat] entwickelt sich die Tradition; unbeabsichtigt wird sie umgedeutet, mit den Ueberzeugungen und Gewißheiten des Geistes in Einklang gebracht. Sie ist demnach Gegenstand organischer Entwicklung. In dieser Entwicklung, die dem Begriffe derselben entsprechend, ihre Substanz unberührt läßt, offenbart sich die Lebendigkeit; in der Fähigkeit zur selben bezeugt sich ihre Fähigkeit zum Leben.«

Eine lebendige Tradition meint daher nicht ihre Abhängigkeit von »sentimentalen Regungen«, sondern sie lebt nur, sofern sie sich aus beiden Aspekten seines Entwicklungsbegriffs speist: der akzidentiellen Identität mit der Entwicklung der »geistigen Elemente« der Seele oder ihrem Kulturbewusstsein und der von diesem Entwicklungsaspekt unberührten Substanz der Entwicklung oder der »Selbstidentität der Entwicklung«. In der Tat wird Goldzihers Entwicklungsbegriff nur dadurch vor einem Selbstwiderspruch bewahrt, dass er die beiden Aspekte des Entwicklungsbegriffs streng voneinander unterscheidet. Was muss man sich aber unter der Substanz einer Entwicklung vorstellen? Hierauf vermag das folgende Zitat eine Antwort zu geben, in dem Goldziher zwischen dem akzidentiellen und dem substanziellen Aspekt seines Entwicklungsbegriffs zu differenzieren scheint:

> »Sie [die lebendige Tradition] lebt in unserer eigenen Seele, in ihrer Einheit und wird in ihrem Entwicklungsgange immer wieder neu geschaffen, von Geschlecht zu Geschlecht neu entfaltet und durch die Pflege der sich immer erneuernden Bedingungen organischen Lebens vor Verkümmerung und Verwesung bewahrt.« (TuD, 22)

Die Tradition wird akzidentiell durch ihre Neuschaffung im Kontext des Kulturbewusstseins lebendig, substanziell aber lebt sie durch die – sie selbst vor Verkümmerung bewahrende – Aufrechterhaltung der »Bedingungen organischen Lebens«. Während die akzidentielle Bedingung für eine lebendige Tradition in das Kulturbewusstsein zu verweisen scheint, wurzelt die substanzielle Bedingung – die Metaphorik wiederum wörtlich lesend – in der Notwendigkeit einer »Pflege der [materiellen] Bedingungen organischen Lebens«. Nachfolgend wird Goldzihers Verortung der Substanz der Entwicklung in den Gesetzen des organischen Wachstums nachdrücklich bestätigt.

Der Befund zu Goldzihers Auffassung vom kulturell vermittelten Verhältnis zwischen Religion und Wissenschaft ist also »dialektisch«. Einerseits scheint er mit seiner Forderung nach Neuschaffung der Tradition durch deren Identifizierung mit den aktuellen Entwicklungen der Kultur noch über Geiger hinauszugehen. Dies zeigt sich etwa in Goldzihers Einschätzung des jüdischen Mittelalters:

»Die völlige Austilgung der Anthropomorphismen und Anthropopathismen aus dem Gottesbegriff ist durch die Aufnahme der herrschenden philosophischen Gedanken und durch die Selbstanpassung der Tradition an jene Gedanken vollzogen worden.« (TuD, 22)

Andererseits unterscheidet sich die Position Goldzihers in der Frage der kulturellen Vermittlung zwischen Religion und Wissenschaft auch in charakteristischer Weise von Geigers Zugang. Ebendiesen zweiten Aspekt im Entwicklungsbegriff, also seine Substanz oder Selbstidentität, zieht Goldziher heran, um in der Vermittlung zwischen Wissenschaft und Religion durch die Kultur die Lebendigkeit der Tradition nur akzidentiell an die Kultur zu binden. Diese vermag die Tradition nur insofern zu beleben, als die Substanz der Tradition gewahrt bleibt. Er setzt fort:

»In keinem Moment dieses Entwicklungsganges hat die Substanz der Tradition Schaden gelitten, sie hat vielmehr in denselben [den philosophischen Gedanken der Zeit] ihre Lebenskraft bewährt; so lange sie wirkliches Leben lebt, wird sie sich nicht als feindliche Macht entgegenstemmen den Errungenschaften, welche die Methode ernster Wissenschaft aus ihren ältesten Dokumenten schöpft.« (TuD, 22 f.)

Eine religiöse Tradition, die nur lebendig ist, solange sie sich nicht substanziell mit den kulturellen Entwicklungen verbindet, kann aber auch die Wissenschaft oder den Fortschritt des Bildungsbewusstseins nie hemmen:

»Sie [die im Leben stehende Tradition] wird vielmehr ihrer Natur nach ein fruchtbares ethisches Element sein in dem Gange unseres intellektuellen Gedeihens; jeder Widerspruch gegen dasselbe würde lähmend wirken auf ihr eigenes Leben und sie dem Verfalle und der Zersetzung preisgeben.« (TuD, 23)

Schon zum Selbsterhalt muss die Religion gegen ihre wesenhafte Einmischung in die Wissenschaft sein, weil ein Einspruch der Religion gegen die Wissenschaft die Entwicklung der Kultur nur abbremsen oder lähmen würde, was sich wiederum auf die Aufgabe der Neuschaffung der Tradition selbst negativ auswirken würde. Im Übrigen bestehe aber eben gar keine wesenhafte Differenz zwischen Religion und Wissenschaft, die zu überbrücken »etwa die Aufgabe der Theologie sei. Mit nichten!« (TuD, 23). Nur die tote Religion »tritt leicht in Gegensatz zu den vorwärtstreibenden Kräften der Entwicklung unserer Kenntnisse« (TuD, 23). Steht aber die lebendige Tradition im richtigen (akzidentiellen) Verhältnis zur kulturellen Entwicklung, dann zeigt sie sich als ein »fruchtbares ethisches Moment« am Ganzen des Kulturbewusstseins. Auf Goldzihers wissenschaftliche Ethik wird noch zurückzukommen sein.

Trifft alles bis hierher Gesagte prinzipiell auf jede Tradition zu, so kennt gerade die jüdische aber hinsichtlich ihrer Partizipation an der allgemeinen Kulturentwicklung eine Besonderheit. Das Judentum hat sich nicht sporadisch, sondern konsequent und kontinuierlich kulturellen Entwicklungen ausgesetzt, weshalb es Goldziher zufolge mit keiner einzelnen Epoche enger als mit allen anderen verbunden ist. Über das überlieferte Bekenntnis des Judentums schreibt er:

»Seine reichen Traditionen haben in einer jahrtausendelangen Vergangenheit die Probe abgelegt ihrer Entwicklungsfähigkeit, das heißt also, ihres Berufes zum tätigen Leben, ihrer Tendenz, in die Forderungen jeder Zeit und jeden Ortes einzugehen, ihrer Fähigkeit, mit den Fortschritten geistiger Bildung Schritt zu haben. Unabhängig von örtlicher und zeitlicher Beschränkung, sind sie nicht ausschließlich mit einer bestimmten Epoche der Geschichte verbunden und haften nicht an einer bestimmten Form der Kultur, deren Ueberwindung ihre Selbstzersetzung herbeiführte.« (TuD, 34)

Mit anderen Worten: Dass das Judentum mit der Selbstzersetzung einzelner Epochen nicht auch untergegangen ist, beweise, dass es sich tatsächlich nur akzidentiell der kulturellen Dynamik verbunden hat, ohne die ererbte Überlieferung aufzugeben, in der seine Lebendigkeit im Sinne einer selbstidentischen Entwicklung ruht. Die Hauptsache sei im Judentum »stets das Stehen innerhalb der ererbten Ueberlieferung, der Gedanken, deren Trägerin zu sein die historische Mission des Judentums war und ist« (TuD, 34). Die Kontinuität des spezifischen (akzidentiellen) Verhältnisses der jüdischen Tradition zu den umgebenden Kulturen führt zu Goldzihers zentraler Schlussfolgerung, wonach die religiöse Tradition selbst ein historisches Bewusstsein avant la lettre darstelle:

»Da nun das Leben in der Religion von dem Bewußtsein der Entwicklung der Tradition nicht zu trennen ist, drängt sich dem gebildeten Bekenner ein wichtiger Folgesatz mit dem ernsten Anspruch auf, gerade auf dem Standpunkte, auf dem wir stehen, seine Berücksichtigung als Hauptsache zu betrachten. Wir stehen auf historischem Standpunkte. Unser religiöses Bewußtsein ist miterzeugt in theoretischer Beziehung von historischen Erwägungen, in praktischer durch entwicklungsgeschichtliche Vorgänge.« (TuD, 35)

Damit behauptet Goldziher ein Entwicklungsbewusstsein als kulturellen Besitz und treibende Kraft der jüdischen Traditionen von deren Beginn an – also lange bevor es ein dominantes Prinzip in Philosophie (exemplarisch bei Hegel) und Wissenschaft (exemplarisch bei Darwin) des 19. Jahrhunderts geworden war.

Gemeinschaft und Geschichte – Eine antiindividualistische Dynamisierungsidee

Verknüpfung der Konzepte »Tradition« und »Entwicklung«

Wie oben gezeigt, möchte Goldziher durch die Unterscheidung zweier Aspekte in seinem Entwicklungskonzept Wissenschaft und Religion sowohl zueinander in Beziehung setzen als auch voneinander scheiden. Der erste Entwicklungsaspekt beinhaltet die (akzidentielle) Beteiligung der Tradition an der kulturellen Dynamik, der zweite die (substanzielle) Wahrung (des »organischen Lebens«) der religiösen Tradition. Dadurch wird das Problem der Vereinbarkeit von Wissenschaft und Religion zunächst nur in den Begriff der Entwicklung verlagert, doch ermöglichte dies Goldziher, die von ihm befürwortete Dynamik zwischen Religion und Wissenschaft vor dem Hintergrund des im 19. Jahrhundert entstehenden Entwicklungsdenkens darzustellen. Er tut dies sowohl um der Kontinuität der eigenen Tradition in der Moderne willen als auch in Kritik an dieser, denn der moderne Entwicklungsgedanke wurde häufig als Argument benutzt, um die Inkompatibilität der jüdischen Tradition mit der Moderne zu behaupten. Ein Vertreter dieser Tendenz war der Philosoph Eduard von Hartmann (1842–1906), wenn er etwa in seiner *Philosophie des Unbewußten* (Bd. 2, 1869, 369) dem Judentum jegliche Entwicklungsfähigkeit absprach:

»Dem seiner Natur nach stationären und stagnirenden Judentum ist der Begriff der Entwicklung so fremd, daß selbst ein Mendelssohn noch einem Lessing gegenüber die Unmöglichkeit eines Weltfortschreitens behaupten und verfechten konnte.«

Auch der Entwicklungsbegriff ist ein seinem Wesen nach mehrdeutiges methodisches wie politisches Schlüsselkonzept des 19. Jahrhunderts. Erneut soll daher die begriffsgeschichtliche Methode Aufschluss geben darüber, wie Goldziher das dem 19. Jahrhundert entstammende Entwicklungsdenken mit der religiösen Entwicklungsdynamik des vormodernen Judentums verschränkt.

Es gibt mit *Wesen und Entwicklung des Judentums* einen Text aus Goldzihers Feder, dessen entwicklungsgeschichtliches Thema den Übergang von der Perspektive der jüdischen vormodernen Tradition in die der Wissenschaft des 19. Jahrhunderts explizit vollzieht. Da es sich ursprünglich um eine Vorlesung handelte, war der performative Akt des Vortragens gleichzeitig eine praktische Verifikation von Goldzihers Idee der Möglichkeit einer kulturellen Verschränkung von Wissenschaft und jüdischer Tradition. Da bislang noch niemand auf die Idee gekommen war, das Wesen des Judentums anhand der Entwicklungsidee zu bestimmen, verlangte Goldzihers Vorlesung eine reale Entwicklung des Bewusstseins seiner jüdischen Zuhörer. Der sechsteilige Vortragszyklus fand zwischen dem 17. November 1887 und dem 28. Januar 1888 vor jüdischen Studenten der Universität Budapest statt und man kann verstehen, dass die Einladung durch die Pester jüdische Gemeinde Goldziher viel bedeutete. Nach einem fulminanten Auftakt mit sechshundert Hörern blieb das Publikum aber im Laufe der Zeit aus. Goldziher musste diese Abstimmung mit den Füßen auch auf sein Kernanliegen, die Entwicklung des modernen Judentums, beziehen. Zutiefst gekränkt berichtet er in seinem Tagebuch, dass er »aus Rücksicht auf seine Ehre« die Reihe abgebrochen habe. Gegenüber seinem engen Freund Immánuel Löw vermutete er einen konspirativen Grund für das Scheitern: die Unterstellung mangelnder Kompetenz Goldzihers in jüdischen Dingen durch die Rabbiner. Löw dagegen machte eine Fehleinschätzung der aktuellen Bedürfnisse der jüdischen Gemeinschaft für das nachlassende Interesse des Publikums verantwortlich. Seiner Ansicht nach hätten vor allem Fragen der Gemeindeorganisation »in Gegenbewegung zum priesterlichen Trend«, nicht aber die von Goldziher anvisierte innere Transformation des modernen Judentums behandelt werden müssen. Löw hatte noch vier Tage vor der letzten Vorlesung in einem ermunternden Brief an Goldziher seine Hoffnung ausgedrückt, dieser möge »den neueren Entwicklungen des synagogalen Gottesdienstes« ein Kapitel widmen – eine Bitte, der Goldziher nicht nachgekommen war. Dass Goldziher die Vorlesungen, wie im Tagebuch vermerkt, wirklich abgebrochen hat, ist unwahrscheinlich. Die am Ende der ersten Vorlesung angekündigten und in der Vorlesung auch behandelten vier Epochen jüdischer Tradition, Prophetismus, Rabbinismus, mittelalterliche Philosophie und neuzeitliche Religionswissenschaft, bildeten einen in sich geschlossenen Zeit- und Themenkreis. Seine Rede vom Abbruch der Reihe kann wohl eher dahingehend gedeutet werden, dass er sich nicht noch einmal in der Rolle eines Führers des modernen Judentums – auf den Spuren seines großen Vorbilds Abraham Geiger – versuchen wollte. Der Tagebucheintrag endet mit den Worten: »Ich war von meinen Phantasien für ewige Zeiten geheilt.«

Dass Goldziher mit dem Konzept der Entwicklung ein intimes Anliegen verfolgte, ist offensichtlich: Der Begriff taucht auf den rund einhundert Druckseiten des Vorlesungstextes ungefähr 220 Mal auf. Die Aufmerksamkeit, die Goldziher ihm schenkt, ist eine unmittelbare Folge seiner Forderung, die Religion müsse »mit den Überzeugungen und Gewißheiten des Geistes in Einklang« stehen (TuD, 22). Schon im Titel *Wesen und Entwicklung des Judentums* artikulierte sich deutlich der Zeitgeist – hinreichend Potenzial zur Spaltung der jüdischen Gemeinde. Über ein Jahrzehnt vor Adolf von Harnacks Vorlesungen 1899 über *Das Wesen des Christentums* (und Leo Baecks Erwiderung *Das Wesen des Judentums* von 1905) war Goldzihers Betrachtung des Judentums am Maßstab nichtjüdischer Kategorien gewagt. Das rabbinische Konzept der schriftlichen und mündlichen Tora etwa schloss historisierende Vorstellungen der Entwicklung des Judentums oder gar ihre philosophische Wesensbestimmung aus. So versucht Goldziher gleich zu Beginn der ersten Vorlesung, das jugendliche Publikum für seine Idee zu begeistern: »So wurde auch die Entwicklung des Judentums in der neuesten Ära durch die Verwirklichung von Wahrheiten und Ideen ausgelöst, die darauf warten, von Ihnen begeistert aufgenommen zu werden und die ohne Sie für die Zukunft verloren sein werden.« Er bittet die studentische Jugend, ein Gegengewicht zu bilden »gegen die Hindernisse, die von der verzweifelten und zugleich zur Verzweiflung treibenden Resignation der pessimistischen Zurückhaltung, von der starren, eisigen Kälte der Indifferenz dem wahren Aufschwung in den Weg gelegt werden« (WuE, 30). Dabei muss er zugeben, dass die »auf das religiöse Denken wirkenden Ergebnisse der Forschung« in der Tat noch »keine Ergebnisse der Entwicklung im Sinne eines konkreten Vorgangs vorweisen« können. Von den erst seit einer Generation in diese Richtung unternommenen Anstrengungen könne man nur »im Sinne einer erhabenen Bemühung sprechen« – ein Sachverhalt, für den er gerade auch diejenige Seite mitverantwortlich macht, »die sich so gern mit der Parole der jüdischen Wissenschaft schmückt« (WuE, 113).

Gleich zu Beginn schafft Goldziher Klarheit über das in seinem Titel enthaltene zweiteilige Programm: Es würden einerseits »jene ewigen Ideen behandelt, die im Rahmen des Judentums geboren und von diesem winzigen Kreis der Menschheit auf den Weg gebracht wurden, um in der Dunkelheit eine Fackel anzuzünden«, einschließlich der »historischen Überlieferungen […], die wir als kostbarsten Inhalt und kostbarste Tatsachen unseres Gewissens in unseren Seelen bewahren«; andererseits werde er »vor allem […] auch über die Entwicklung dieser Überlieferungen sprechen, denn die Überlieferungen des Judentums, so wie sie nicht auf einen Schlag entstanden sind, sondern das Ergebnis der gemeinsamen seelischen Arbeit von Generationen von Denkern darstellen, so bilden sie permanent und pausenlos den Gegenstand der Entwicklung und des Fortschritts« (WuE, 32). Damit zeichnet sich Goldzihers Herangehensweise durch zwei charakteristische Eigenschaften aus: Er benennt – hier und auch im Weiteren – nie selber die Ideen, die seiner Ansicht nach das Wesen des Judentums ausmachen; vielmehr lässt er sie nur in der Entwicklungsdynamik des Judentums aufscheinen, als deren Träger er die »seelische Arbeit von Generationen von Denkern« benennt. Mit anderen Worten: Goldziher unterscheidet erneut zwischen einem wesenhaften (substanziellen) und einem nicht wesenhaften (akzidentiellen) Aspekt seines Entwicklungsbegriffs, wobei der substanzielle Aspekt nur über die angesprochene seelische Entwicklung im Judentum zugänglich sei. So verhindert er die Bestimmung des substanziellen Aspekts der Entwicklung des Judentums durch ein begriffliches – dogmatisches oder logisches – Prinzip. Gleichzeitig bestimmt er – fragend, aber entschlossen – das Ziel des die innere Entwicklung des Judentums leitenden Wahrheitsbegriffs, nämlich seine Verschmelzung mit dem objektiven Wahrheitsbegriff der Wissenschaft:

»Bedarf es denn für Sie einer weiteren Erklärung, worin die fortschreitende Entwicklung des Judentums besteht? Kann sie in etwas anderem bestehen, als in der Verankerung der Lehren des Judentums in immer tiefere Fundamente, in seiner immer intensiveren und unauflösbareren Verschmelzung mit den Wahrheiten der Wissenschaft, mit denen keine andere Wahrheit im Widerspruch stehen kann, damit sie [dadurch] über jeden Zweifel erhaben sind? Kann sie in etwas anderem bestehen, als in der Schaffung des Einklangs, der zwischen der Reihe dieser Wahrheiten und jeder anderen Gruppe von Wahrheiten bestehen muss? Kann sie letztlich in etwas anderem bestehen als in der kontinuierlichen Verwirklichung jenes Strebens, auf dass unser sich stets verjüngendes, doch mit sich selbst identisch bleibendes Judentum zum geistigen Werk und zu den Errungenschaften der fortschreitenden Jahrhunderte etwas beiträgt?« (WuE, 33)

Die hier angesprochene Konvergenz von Religion und Wissenschaft in demselben objektiven Wahrheitsbegriff ist eine im jüdisch-arabischen Mittelalter verbreitete Position – im Unterschied etwa zur Theorie der doppelten Wahrheit in der christlichen Auslegungsgeschichte von Ibn Rushds Auffassung zum Verhältnis zwischen Religion und Philosophie. Nach Goldziher gibt es nur eine Wahrheit, und diese kann zur wissenschaftlichen

Wahrheit nicht im Widerspruch stehen. Die Behauptung, Monotheismus und Wissenschaft seien zwei Seiten einer Medaille, wird uns noch ausführlich beschäftigen. Konkret sucht Goldziher mithilfe der Religionswissenschaft als Leitdisziplin – eine Funktion, die bei Zunz die Altertumswissenschaft, bei Steinschneider die Literaturwissenschaft und bei Geiger die Geschichtswissenschaft innehatte – nach der von ihm angestrebten Konvergenz religiöser und wissenschaftlicher Wahrheit im Entwicklungsbegriff:

»Fürwahr, meine Herren, auch auf dem Gebiet der Religionswissenschaft ist die *Tatsache der Entwicklung* eine der Kernwahrheiten, deren Konstatierung allein [schon] dieses Wissensgebiet in den Zirkel der Wissenschaften einführte […]; wer, so sage ich, die Religion oder die Religionen als dem Prozess des Werdens unterworfene, sich dadurch wandelnde, entwickelnde und gedeihende geistige Organismen erforscht, der betrachtet sie als Gegenstand des wissenschaftlichen, selbstbewussten Denkens.« (WuE, 37)

Mehr noch werde vom Entwicklungsgedanken als der »methodischen Leitidee der neuzeitlichen Religionswissenschaft« vor Augen geführt, dass die religiösen Dokumente selbst »Zeugnisse der Bewegung […] des menschlichen Geistes« sind. In der Heiligen Schrift »verfügen wir über ein Denkmal einer wahren religiösen Entwicklung und ein Zeugnis davon, dass die ewige Grundlage der Religion der Juden uns das Bild eines sich kontinuierlich entwickelnden geistigen Lebens vorführt« (WuE, 36). Erneut – und lange bevor sie zu einem epochalen Schlüsselbegriff des 19. Jahrhunderts wurde – behauptet Goldziher also die Entwicklung als eine formative Größe in der Religion.

Was war der Kontext von Goldzihers Projekt der Anwendung des Entwicklungsbegriffs auf die jüdische Tradition? Das Initialereignis für die Übertragung dieses Begriffs auf die Geschichte war das Scheitern der Französischen Revolution. Die Analyse der Gegenwart wurde von den Enden der Geschichte – Vergangenheit und Zukunft – her und damit vor dem Hintergrund der Suche nach einer neuen Einheit der Geschichte betrieben. In diesem Sinn waren der hegelsche und der darwinsche Entwicklungsbegriff zeitversetzte Antworten auf die Frage nach der Einheit der Geschichte. Grundsätzlich gilt ab 1800, dass das Verb immer häufiger in der reflexiven Form, das Substantiv im Sinne der Selbstentwicklung gebraucht wurde, um ein der Geschichte innewohnendes Entwicklungsziel wahrscheinlich machen zu können. Alle Entwicklungsbegriffe zu Beginn des 19. Jahrhunderts weisen daher eine Verschränkung von Subjekt und Objekt auf: »Ist nun aber ein und dasselbe Wesen nicht nur Objekt, sondern zugleich auch Subjekt einer Entwicklung, so liegt es nahe, ihm dynamische Qualitäten von der Art eines Entwicklungstriebes, der die Funktion hat, diese Entwicklung in Gang zu halten und zu steuern, zuzusprechen.« Einer der wirkmächtigsten Erklärungsansätze war die Auffassung von der Selbstentwicklung der Geschichte im philosophischen System Hegels. In seiner durch ein Denkgesetz dynamisierten Vorstellung von Geschichte war das Individuum auch Subjekt der geschichtlichen Entwicklung; ganz anders dagegen das Evolutionsdenken mit seiner Übertragung des aus Poetik und Biologie stammenden Modells der Entwicklung – wörtlich *explicatio* oder *evolutio* – auf den historischen Bereich. Auch die Evolutionstheorie geht von einer gerichteten Entwicklung aus, jedoch ist hier der Mensch nicht ihr Subjekt, sondern lediglich ihr Objekt.

Entwicklungsmodelle: »Hegel« und »Darwin«

Wie schon angedeutet, arbeitete Goldziher an einem Koalitionsmodell, welches Eigenschaften aus den beiden im 19. Jahrhundert dominierenden Entwicklungsbegriffen kombinierte – wegen deren Gegensätzlichkeit ein scheinbar aussichtsloses Unterfangen. Die bereits oben getroffene Unterscheidung von wesenhaftem (substanziellem) und nicht wesenhaftem (akzidentiellem) Aspekt in Goldzihers Entwicklungsbegriff ermöglicht folgende Zuordnungen: Der substanzielle Aspekt, nach Goldziher in den »Bedingungen organischen Lebens« wurzelnd, scheint dem evolutiven Entwicklungsbegriff näher zu stehen; der akzidentielle Aspekt, der Goldziher zufolge die Harmonie mit den »Überzeugungen und Gewißheiten des Geistes« sucht, scheint den idealistischen Entwicklungsbegriff wenigstens nicht von vornherein auszuschließen. Um Goldzihers Position zwischen den Entwicklungsmodellen Hegels und Darwins bestimmen zu können, sind zunächst deren Auffassungen von historischer Entwicklung gegeneinander abzugrenzen. In Hegels *Vorlesungen über die Geschichte der Philosophie* (1825/26) wird ein Entwicklungsbegriff eingeführt, der sowohl im Zentrum von Hegels dialektischer Methode steht als auch den Gang der Geschichte bestimmt. Dieser Begriff konstituiert sich ihm gemäß aus folgenden drei Phasen des Gedankens: »Das erste war also, daß der Gedanke, der freie Gedanke wesentlich in sich konkret ist; damit hängt zusammen, daß er lebendig, sich in sich selbst bewegend ist.« Diese Selbstbewegung des Geistes, »nicht zu ruhen, wesentlich zu produzieren und zu existieren nur als Tätigkeit«, erklärt Hegel in einer zweiten Bestimmung sozusagen als den Anfang der Entwicklung:

»Näher können wir diese Bewegung als Entwicklung auffassen; das Konkrete als tätig ist wesentlich als sich entwickelnd. Es ist damit ein Unterscheiden vorhanden, und wenn wir die Bestimmung der Unterschiede, die vorkommen – und beim Prozeß kommt notwendig Anderes hervor –, näher auffassen, so ergibt sich die Bewegung als Entwicklung.«

Für das bessere Verständnis dieses Vorgangs des Setzens eines Unterschieds an der lebendigen Bewegung wählt Hegel folgende Veranschaulichung:

»Ein Beispiel davon gibt der Keim; im Keim ist der ganze Baum enthalten; es kommt an ihm nichts hervor, was nicht im Keim ist, und dieser ist einfach, ein Punkt; selbst durch ein Mikroskop entdeckt man an ihm wenig, aber dieses Einfache ist schwanger mit allen Qualitäten des Baumes.«

Zu Hegels vollständigem Begriff der Entwicklung gehört aber noch eine dritte Bestimmung, nämlich das Einssein des Ansich mit seiner Entwicklung zum Anderssein:

»Die dritte Bestimmung ist, daß das, was an sich ist und jetzt existierender Gegenstand für mich und Anderes ist, daß beides ein und dasselbe ist. Dies heißt eben Entwicklung; [...] der Keim entwickelt sich so, verändert sich nicht; wird er verändert, zerstoßen, zerrieben usf., so wird er nicht entwickelt [...]; diese Einheit der Unterschiedenen, des Keims und des Entwickelten – beide sind zwei und doch eins [...].«

Hegels Anspruch ist nun, dass diese in der Freiheit der Selbstbewegung des Geistes sich konstituierende Entwicklung eine geschichtliche Genese hat, mit der Wirklichkeit zusammenfällt. An anderer Stelle der Mitschriften von Hegels *Vorlesungen über die Geschichte der Philosophie* heißt es:

»In der Weltgeschichte also ist das der Anfang der Philosophie, wo freie Völker aufgetreten sind. Dies ist erst geschehen im griechischen Volk, im Abendland. Im Morgenland geht die Subjektivität des Bewußtseins nur auf; erst im Abendland geht der Geist nieder in sich selbst. Dies ist das Wesen seiner als des Allgemeinen, diese Sammlung des Geistes in sich, die das Prinzip der Freiheit ist.«

Jedoch sei erst mit dem Christentum diese Freiheit als solche ins Bewusstsein getreten. So offenbart sich Hegels Logik letztlich als Säkularisat des Christentums:

»Das Leben Gottes in sich selbst ist eben diese Entwicklung; er in seiner Allgemeinheit bestimmt sich, d. h. einen Unterschied setzen, sich zum Dasein bringen, zum Sein für Anderes, und in diesem Dasein ist die ewige Erzeugung der Welt, in anderer Form seines Sohnes und zugleich absolute Identität mit sich«.

Der hegelsche Entwicklungsbegriff konstituiert sich also – ganz anders als bei Goldziher – gerade nicht in der kulturellen Vermittlung zwischen Wissenschaft und Religion, sondern die Wissenschaft löst die Religion – diese beerbend – in Logik auf.

Der zweite, nicht weniger einflussreiche Entwicklungsbegriff des 19. Jahrhunderts spiegelt sich am deutlichsten in der Evolutionstheorie. Wenn auch die Idee einer stammesgeschichtlichen Entwicklung der Menschheit in die Zeit weit vor Goethe zurückreicht, setzte sich die Evolutionstheorie doch in der Biologie erst durch das von Darwin in *The Origin of the Species by Means of Natural Selection* (1859) beigebrachte umfassendere

Beweismaterial durch. Diese vor allem in England entwickelte Theorie ist das Produkt eines Wissenschaftsverständnisses, das sich paradigmatisch von Kants und Hegels systematischem Wissenschaftsbegriff unterscheidet. Wie bereits dargelegt, gilt ihre Priorität der empirischen Forschung und nicht der Entwicklung eines Systems. Dementsprechend ist die Schlüsselmetapher des evolutionstheoretischen Entwicklungsbegriffs nicht mehr das Sich-Entfalten eines Keims, sondern die Dynamik des sich verzweigenden Stammbaums. Der Paradigmenwechsel besteht also darin, dass die Dynamik der Entwicklung nicht mehr aus dem eine ideale Annahme bildenden Wesen eines Keims herrührt, sondern an der schrittweisen Anpassung der Arten an die Umwelt empirisch ablesbar wird. Darwins Lehre von der natürlichen Auslese war »die erste phylogenetische Entwicklungstheorie, die den Gang der Entwicklung nicht mehr mit der Annahme verborgener Kräfte erklärte, sondern sich auf den Bereich empirisch nachprüfbarer Behauptungen zu beschränken suchte«. An die Stelle des Individuums, des Geistes und der den Bereich »zwischen Jonien und Jena« (Franz Rosenzweig) umfassenden Geschichte – Ingredienzien von Hegels Entwicklungsbegriff – treten in der evolutiven Entwicklung die biologischen Arten, das Wachstum der Natur und die Historie ausgedehnt bis in prähistorische Zeiten. Damit steht im Entwicklungsbegriff der Evolutionstheorie der individuelle Geist in keinem (logischen) Verhältnis mehr zur Dynamik der Geschichte.

Trotz evidenter Unterschiede beider Entwicklungsbegriffe zeigt der Vergleich auch strukturelle Ähnlichkeiten. Die wichtigste Gemeinsamkeit ist, dass sowohl aus idealistischer wie aus evolutionstheoretischer Sicht Entwicklung als Kontinuität in der Veränderung aufgefasst wird. In ersterem Fall wird die geschichtliche Entwicklung an ihrem Keim oder Wesen gemessen, in letzterem verkörpert die (willkürliche) Strukturierung des Zeitstrahls in eine Abfolge signifikanter Epochen ebenfalls eine Norm, an der Entwicklung zu messen sei. Die Norm der evolutiven Entwicklung liegt aber im Unterschied zur idealistischen Vorstellung von Entwicklung nicht notwendig am Anfang: »Die Norm kann außerhalb oder innerhalb des Zeitstrahls, vor dem Beginn der Entwicklungsfolge oder gar erst am Kulminationspunkt des ganzen Prozesses verortet werden.« So kann die Abfolge der Perioden verschiedene konzeptionelle Funktionen erfüllen:

»Sie kann dazu dienen, Zugang zum Anfang zu bekommen beziehungsweise den methodischen Rückgang zu erleichtern. Oder sie kann als das angesehen werden, was die Substanz (im Sinne eines Urzustands) artikuliert und ausdrückt. Sie kann sogar dazu dienen, um das Vorausliegende zu entwerfen, wenn die Perioden und Epochen, die zu ihr gehören, als in die Zukunft reichend aufgefasst werden.«

Trotz dieser Variationen im Verhältnis der Norm zur Periodenfolge ist die Veränderung, die der Entwicklungsbegriff in beiden Modellen, dem hegelschen und dem darwinschen, zum Ausdruck bringt, stets bezogen auf eine Konstante, sei es ein am Ursprung liegendes Wesen, sei es eine sekundär zugeschriebene Norm. Durch die Beziehung zwischen ihrem konstanten und ihrem veränderlichen Element können beide Entwicklungsmodelle in der Geschichte ein spezifisches Entwicklungsgesetz etablieren. Jedoch stellt das hegelsche Modell in der Beziehung zwischen Wesen und Entwicklung einen sich selbst immunisierenden Kreislauf dar, weil beide letztlich dasselbe Denkgesetz abbilden. Eine empirische Widerlegung ist unmöglich. Im darwinschen Ansatz ist die Beziehung zwischen Norm und Entwicklung nur eine analytische Kategorie, die sich an der Empirie bewähren muss. An der Tatsache, dass nach Goldziher der Wesensaspekt seines Entwicklungsbegriffs in den »Bedingungen organischen Lebens« wurzelt und nur akzidentiell an der Ideengeschichte teilhat, zeigt sich nicht nur die von ihm unternommene Verschränkung des hegelschen und des darwinschen Entwicklungsbegriffs, sondern auch Goldzihers Kritik: Um ihres Realitätsbezugs willen darf das Wesen der Entwicklung nicht dem Denken entnommen sein. Nur so kann verhindert werden, dass die Substanz der Entwicklung und die Akzidenzien ihrer geschichtlichen Erscheinung einen geschlossenen Kreislauf bilden.

Evolutive Bedingtheit von Idee und Geschichte

Wie ungewöhnlich Goldzihers – an Darwins und Hegels mehr oder weniger säkularen Modellen der Entwicklungsgeschichte orientierter – Versuch war, ein Paradigma historischer Entwicklung für den jüdischen Kontext zu entwerfen, zeigt der Vergleich mit Äußerungen des Chassids, Kabbalaforschers und aktiven Zionisten Ahron Marcus (1843–1916). Noch knapp zwanzig Jahre später wählte dieser einen entgegengesetzten Weg des Umgangs mit nichtjüdischen Positionen im Allgemeinen und der Lehre Darwins im Besonderen. In seinem Vortrag von 1907 über *Die moderne Entwicklungstheorie in der jüdischen Wissenschaft* zieht er eine scharfe Trennlinie zwischen Darwin und Haeckel einerseits und einer jüdischen Entwicklungstheorie andererseits. Für diese greift er ausschließlich auf die *Klach Pitche Hochma* (138 Enthüllungen der Weisheit) des Kabbalisten und Philosophen Moses Chaim Luzzatto (1707–1746) zurück. Besonders nimmt Marcus an der darwinistischen Parole vom »Kampf ums Dasein« Anstoß. Dem stellt er Luzzattos Theorie der »Beschränkung der unendlichen Vollkommenheit« (Zimzum) gegenüber. Der Rückzug Gottes aus der Schöpfung habe den endlichen Geschöpfen Raum gegeben, um sich aus dem Zustand des Mangels und der »daseinsfeindlichen Korrelation« stufenweise zur »Harmonie« emporzuentwickeln:

»Man beachte, was der jüdische Denker [Moses Chaim Luzzatto] aus der hohlen, nichtssagenden, widerspruchsvollen, im Grunde durchaus mystischen, modernen Phrase ›Kampf ums Dasein‹ macht, für welche Darwin mit gewaltsam herbeigezogener Beispielführung – von Beweisen ist keine Rede – eine Definition gibt, nach welcher das ganze Universum nichts anderes ist, als eine große Boxerhalle, in welcher jedes Individuum mindestens mit blauem Auge davonkommt […].«

In Goldzihers Entwicklungsmodell spielt dieser »Kampf ums Dasein« eine zentrale Rolle, in seinem Wissenschaftsbegriff besitzt das Streben nach Aufnahme und Verarbeitung der nichtjüdischen Kultur eine fundamentale methodische Bedeutung. Wissenschaftliche Entwicklungen der Mehrheitskultur wurden so nicht abgewehrt, sondern sogar teils antizipiert. Der zu Beginn der 1890er Jahre einsetzende sogenannte Methodenstreit zwischen Karl Lamprecht (1856–1915) und einem großen Teil der deutschen Historiker wurde durch einen ähnlichen Impuls ausgelöst wie jener, der von Goldziher einige Jahre zuvor in seinen Budapester Vorlesungen zu einer alternativen Theorie historischer Entwicklung verarbeitet worden war. Die Geschichtswissenschaft sah sich angesichts der Weise, in der sie von Lamprecht mit dem an Einfluss gewinnenden Biologismus konfrontiert wurde, »vor den Richterstuhl naturwissenschaftlichen Denkens und Arbeitens gezogen«; selbst die existenzielle Frage, »ob sie nämlich überhaupt Wissenschaft sei«, wurde gestellt. Lamprechts quantitative, auf den kausalen Gesetzen der Naturwissenschaft gegründete historische Methode war jedoch, wie im vierten Kapitel genauer ausgeführt wird, nur ihrer Tendenz nach, keineswegs in der Durchführung mit Goldzihers Methode vergleichbar.

Welchen Weg schlug also Goldziher ein? Der in seinen Vorlesungen entwickelten Position liegen zwei sich scheinbar ausschließende Thesen zugrunde: 1. Die Entwicklung des geistigen Lebens im Judentum ist ein organischer Vorgang nach Art des Wachsens der Pflanzen. 2. Die Entwicklung des Monotheismus im Judentum mündet notwendig in die moderne Wissenschaft.

Die erste These ist selbstverständlich gegen Hegel und seine Behauptung einer systematischen Entwicklung der Geschichte »als fortschreitende *Einsicht* in den Subjektcharakter der zuvor als unbewegt und abstrakt gedachten Substanz« gerichtet. Goldziher widersprach der logozentrischen Reduktion der Geschichte, vor allem aber Hegels ausdrücklichem Bemühen, dem Judentum a priori die Möglichkeit seiner Subjektwerdung in der Geschichte abzusprechen. Nach Hegel bleibt bei den Juden »Gott immer etwas wesentlich Substantielles und in der Form der Vorstellung, tritt nicht in die Form des Gedankens«. Nach Goldziher resultiert die konkrete Geschichte eben nicht aus der »Bestimmung der Idee selbst in ihrem logischen Begriff«, sondern umgekehrt ist die Entwicklung der »im Judentum herrschenden Ideen« nur in der kulturellen Dynamik kontingenter Faktoren zu erkennen, »die innerhalb des Organismus der jüdischen Religion diese Entwicklung Epoche für Epoche vorangetrieben hatten«

(WuE, 39). So habe etwa die sprichwörtliche Freiheit der rabbinischen Schriftauslegung »nicht durch die Vertiefung der Spekulation«, sondern »durch die *tatsächlichen Anforderungen und Bedürfnisse des religiösen Lebens«* (WuE, 82) ihre Richtung gewonnen.

Die zweite These ist dagegen ebenso unmissverständlich gegen den darwinistischen Determinismus in der Geschichtsentwicklung gesprochen, die nicht mehr in Wechselwirkung mit den Entwicklungen des kulturellen Wissens der Menschheit steht. Für Goldziher bleibt die jüdische Geschichte durchaus ein zielgerichteter Prozess vom Mythos zur Wissenschaft. Folglich stehen sich Goldziher und Hegel nahe, was die Zielgerichtetheit der Geschichte betrifft, jedoch nicht hinsichtlich ihrer treibenden Kraft. Diese entspringt nach Goldziher nicht der Binnendifferenzierung im Denken, sondern ergibt sich aus dem Bedingtsein des Denkens durch die Institutionen des religiösen Lebens. An dieser Stelle geht aber Goldzihers Hegel-Kritik (mit Darwin) über in seine Darwin-Kritik (mit Hegel), denn mit der Konvergenz von Wissenschaft und Monotheismus erhält für ihn die Geschichte ein notwendiges Ziel. Diesen Verweisungszusammenhang von evolutiven und idealistischen Elementen in Goldzihers Entwicklungsbegriff gilt es nun näher zu untersuchen.

Das Wortfeld des organischen Lebens ist in Goldzihers Vorlesungen zu *Wesen und Entwicklung des Judentums* prominent vertreten, was kaum überrascht, da Organismus-Vergleiche seit Beginn des Jahrhunderts vor allem in Deutschland allgegenwärtig waren. Hegel bezieht den Begriff des Organismus auf den Vorgang der Dialektik, aber selbstverständlich ist er auch in Darwins Abstammungslehre zentral. Daher eignet er sich in besonderer Weise, um die Entwicklungsbegriffe beider Denker aufeinander zu beziehen. In Abgrenzung von der romantischen Naturphilosophie »versuchen Hegel und die Hegelianer die Organismen als Momente der dialektischen Entwicklung der Idee zu begreifen«, während Darwin diametral »die organischen Formen als historische Gebilde auffaßt, denen keine Ideen zugrunde liegen, sondern die aus einer Reihe von Ereignissen hervorgehen«. Was versteht aber Goldziher unter einem Organismus? Er betrachtet ihn als eine Größe, bei der in spezifischer Weise Entwicklung und Leben miteinander verbunden sind:

»Als lebendigen Organismus kann man nur etwas bezeichnen, was sich entwickelt und gedeiht. Was sich nicht entwickelt, hat kein Leben und ist nicht zum Leben berufen. Es gibt keine Zwischenstufe zwischen Entwicklung und Verkümmerung.« (WuE, 33)

In diesem Sinn betrachtet Goldziher das religiöse Leben als einen »lebendigen Organismus«. Sein Gegenteil ist eine »einbalsamierte Mumie«, »von der man eins nicht sagen kann: dass sie lebt oder Leben gestaltet, dass sie berufen ist, zum Leben beizutragen« (WuE, 38). Ist aber hier die Rede vom organischen Leben nicht reine Metaphorik? Goldziher scheint den bildlichen Ausdruck zu lieben. So wurde in seinem Sprachgebrauch die Wissenschaft des Mittelalters

»dem lebendigen Baum des Judentums eingepfropft, und dieser Pfropf war eine gesunde und lebensfähige Operation, die für einen gewissenhaften Gärtner sprach. Der uralte Lebensbaum brachte fortan gesunde und süß schmeckende Früchte, und sein weit verzweigtes Laubwerk verdankt er gerade der Tatsache, dass sein kräftiger Stamm nicht dem Verfall preisgegeben, sondern den Leben spendenden Strahlen der Wissenschaftlichkeit der Epoche ausgesetzt wurde.« (WuE, 105 f.)

Gegen eine rein metaphorische Lesart spricht aber, dass Goldziher Wert darauf legt, das moderne Judentum – einschließlich seiner Budapester Hörerschaft – als Teil dieses Organismus zu bezeichnen:

»Mit dem Judentum werden wir uns nämlich nicht als lediglich *archäologische* Frage beschäftigen, die das Interesse des gebildeten, nach Bildung strebenden Menschen wecken sollte, aber kein lebendiges Verhältnis zur Gegenwart hat. Auch werden wir dieses nicht als Gegenstand einer *bloßen Pietät* betrachten, die wir gegenüber dem Respekt erheischenden Überbleibsel der Urzeit empfinden, einer Pietät, die nichts anderes wäre, als sentimentale Rückwendung ohne wesentlichen Inhalt. Das Judentum werden wir, meine Herren, weder als *Antiquität,* noch als *Reliquie* betrachten, sondern als einen *lebendigen Organismus,* an dem wir einen individuellen Anteil haben und von dem wir ein Bestandteil sind, der nicht nur unsere *Wissenschaft* ausmacht, sondern auch unser *Leben,* der kein Index der *Vergangenheit* ist, sondern eine Atmosphäre, in der wir atmen, leben und existieren.« (WuE, 31)

Insofern also Goldziher den »Organismus« nachdrücklich auch unmetaphorisch verstanden wissen will, unterscheidet sich sein Begriff in spezifischer Weise von dem weitverbreiteten gesellschaftlichen Gebrauch der Organismus-Metapher seiner Zeit. Aber Goldziher war kein Evolutionist, der wie etwa Herbert Spencer (1820–1903) Aspekte der Evolutionstheorie auf die Gesellschaft anwandte. In folgender Passage scheint sich Goldziher kritisch auf einen universalen Erklärungsanspruch der darwinschen Evolutionstheorie zu beziehen:

»Wie auch immer unsere Epoche die Gestaltwerdung der lebendigen Organismen und die Entstehung des Menschengeschlechts erklärt: die Religion trägt dazu mit einer Lehre bei, die von der wissenschaftlichen Erkenntnis nicht aus dem menschlichen Bewusstsein herausgerissen werden kann und auch nicht herausgerissen werden will, mit jener jüdischen Idee, die zuerst unsere Bibel der Menschheit verkündet hat und die der höchste Ausdruck der Aufgabe der Menschheit ist: nämlich dass der Mensch ›zum Ebenbild Gottes geschaffen wurde‹. Diese Lehre ermöglicht die religiöse Idealisierung jeglicher naturkundlichen Theorie. Mit keiner von ihnen gerät sie in Widerspruch, ja sie verleiht sogar jeder die ideale Ergänzung, die Idee der Menschenwürde, die Idee der großen Berufung des Menschen, die Idee der erhabenen Aufgabe der Gesellschaft.« (WuE, 111)

Goldzihers Rede vom Organismus strebt folglich nach einer singulären Verbindung von Naturwissenschaft, Ethik und Gesellschaft. Er wagt sich an die idealistische Fragestellung nach der Beziehung von Idee und Geschichte, aber auf der Basis des aktuellsten wissenschaftlichen Paradigmas, nämlich des evolutiven Entwicklungsbegriffs. Ist jedoch auf dieser Basis ein Verhältnis von Idee und Geschichte überhaupt denkbar?

Wenn Goldziher behauptet, dass die Religion die ideale Ergänzung zur Naturkunde sei, dann motiviert ihn dazu weniger eine Kritik an Darwin als die Lehre seiner eigenen Tradition. Mit einem Zitat aus *Talmud Chagiga* (3b) stellt er fest, »dass die Lehre der Pflanze gleicht, die wächst und gedeiht« (WuE, 82). Um nun (unmetaphorisch) eine organo-logische Beziehung zwischen Wachstum und Lehre (oder Geschichte und Gesetz) herzustellen, dient Goldziher das Modell der Epochengliederung, das – wie oben festgestellt – im evolutiven Entwicklungsbegriff notwendig das konstante Element verkörpert. Seine Funktion ist, die Norm oder das Gesetz der Entwicklung zu konstituieren. Nur wenn die Norm außerhalb des Zeitstrahls verortet wird, besteht sie als eine den Phänomenen der Entwicklung gegenüber transzendente Größe und wahrt die Integrität des rein biologischen Vorgangs der Evolution.

Um Goldzihers Auffassung von der Verbindung zwischen Idee und Geschichte zu klären, ist es hilfreich, seine Sicht auf das Verhältnis von Entwicklung und Epoche mit dem hegelschen Modell zu vergleichen. Auf den ersten Blick stechen die Parallelen ins Auge. Sowohl Hegel als auch Goldziher unterteilen den – etwa den gleichen Zeitraum umfassenden – Zeitstrahl der Geschichte in vier Epochen: orientalisches Reich, griechisches Reich, römisches Reich und germanisches Reich bei Hegel; Prophetismus, Rabbinismus, mittelalterliche Philosophie und Religionswissenschaft bei Goldziher. Während sich aber in Hegels Entwicklungsmodell Epoche für Epoche die Volksgeister gegenseitig ablösen, bildet in Goldzihers Entwicklungsmodell *ein* Volksgeist – in vier verschiedenen Erscheinungsformen – das Element der Kontinuität. Hierdurch ist in Hegels Modell die Kontinuität der Geschichte ein Problem, in Goldzihers Modell umgekehrt aber die Dynamisierung. Zunächst zum Verhältnis des kontinuierlichen und des dynamischen Elements im hegelschen Entwicklungsbegriff: Tatsächlich sollen die vier sich ablösenden Volksgeister gar kein einheitliches Subjekt der Geschichte verkörpern. Entsprechend Hegels vorgefasster Idee der Geschichte als Begriffwerdung der Vernunft sind die vier Volksgeister nur Akteure im Dienst jener allgegenwärtigen Geschichtsidee; Kontinuität garantieren nicht die Volksgeister, sondern der Weltgeist. Nur der Weltgeist kenne das Ziel der Geschichte. Was von den Individuen der Völker mitunter als blindes Wüten des Schicksals erfahren werde, stelle sich hinter ihrem Rücken aus Sicht des Weltgeistes als kontinuierliche Bewegung auf das ihm bekannte Ziel der Geschichte dar. Hegel nennt dies die List der Vernunft. Es sei der Weltgeist, der von Epoche zu Epoche »sich den Übergang in seine nächst höhere Stufe vorbereitet und erarbeitet«. Einerseits hat Hegel durchaus den Anspruch, dass sich sein Entwicklungsbegriff aus der Dynamik des konkreten Handelns der Menschen und Staaten speist: »Gerechtigkeit und Tugend, Unrecht, Gewalt und Laster, Talente und ihre Taten, die kleinen und die großen Leidenschaften [...] haben in der Sphäre der bewußten Wirklichkeit ihre bestimmte Bedeutung und Wert [...].« Andererseits fährt er fort: »Die Weltgeschichte fällt außer diesen Gesichtspunkten.« Die wahre Epochendynamik und die Idee der Geschichte sind – anders als in der Evolutionstheorie – nur scheinbar voneinander geschieden. So kann sich die durch die Epochendynamik konstituierte Norm letztlich ungestört von dem tatsächlichen Verlauf der Geschichte mit Hegels Idee von der Geschichte als Begriffwerdung der Vernunft verbinden.

Ignác Goldziher dagegen will zwar ebenfalls eine Beziehung zwischen Idee und Geschichte herstellen, jedoch nimmt er eine radikale Umwertung der Beziehung von Idee und Epoche vor: Während bei Hegel eine bestimmte *Idee* von der Epochendynamik das aktive Moment des Entwicklungsbegriffs ist, welches jegliche Aktivität der Epochen aufnimmt und integriert, ist es bei Goldziher die Epochendynamik selbst, die alle vorgefassten Ideen von Geschichte entmachtet. Seine Verhältnisbestimmung von Wesen und Entwicklung des Judentums ist davon geleitet, die *Aktivitäten* der Epochen als normierende Größe für seinen Entwicklungsbegriff heranzuziehen:

»Wir können das Wesen des Judentums nicht verstehen, wir können in die Tiefe seines geistigen Wertes nicht eindringen, wenn wir uns mit jenen historischen Bewegungen nicht vertraut machen, die seine Entwicklung vorangetrieben und Epoche für Epoche immer wieder der Geltung seiner Lebenskraft neue Pfade eröffnet haben. Deshalb werden wir uns entgegen der logischen Ordnung zuerst mit den Momenten der Entwicklung des Judentums vertraut machen, ohne über die Ideen zu sprechen, die sozusagen die Seele unserer Religion ausmachen, ihren Mittelpunkt, von dem alle Äußerungen ihres Lebens ausstrahlen.« (WuE, 40)

Mit anderen Worten: Der Zugang zu den Ideen des Judentums führt nur über dessen konkrete Lebensäußerungen. Goldziher wehrt sich dagegen, die Dynamik der konkreten Formen des jüdischen Lebens durch eine übergreifende ideelle Norm oder Entwicklungsidee auf einen begrifflichen Nenner zu bringen. Statt fertige Ideen zu benennen, richtet er seinen Blick auf die seelischen Umstände ihrer Entstehung: Die religiösen Ideen der Juden seien »nicht auf einen Schlag entstanden« (WuE, 36), sondern »das Ergebnis der gemeinsamen seelischen Arbeit von Generationen von Denkern« (WuE, 33). Goldzihers ideenkritische Absicht macht die Epochendynamik nicht zum Erfüllungsgehilfen einer vorgefassten Entwicklungsidee jüdischer Geschichte, vielmehr gebraucht er sie als ihren Prüfstein. Paradoxerweise geschieht dies ausgerechnet durch das gezielte Einführen der aktuellsten, jeweils in einer Epoche kursierenden Ideen in das religiöse Leben des Judentums. Auf diese Weise sähen die alten Ideen der Religion sich gezwungen, sich auf dem »Kampffeld des Lebens« beweisen zu müssen:

»Wir werden dagegen unsere Aufmerksamkeit denjenigen Momenten der Geschichte widmen, die im jüdischen religiösen Denken eine Epoche bildeten und unter deren großem Einfluss wir bis zum heutigen Tag stehen, denn zum einen haben sie mit neuen Ideen den Gang der Entwicklung befruchtet, zum anderen haben sie die alten Ideen nach dem Maß der Bedürfnisse der neueren Epochen weiter entwickelt und [wieder] ins Kampffeld des Lebens eingeführt, damit sie dort erneut zur Geltung kommen.« (WuE, 41)

Die unzweideutig auf die Evolutionstheorie Darwins verweisende Formulierung vom »Kampffeld des Lebens« sollte garantieren,

»dass der Gang der Entwicklung von den Grundwahrheiten des Judentums nicht abweicht, keine Richtung einnimmt, die unsere Religion, die es nur den Grundlagen verdankt, dass ihre herrschenden Ideen inmitten der Wellen der Zeit wie starke Felsen Stand gehalten haben, in Strömungen treiben könnte, die den Grundwahrheiten widersprechen.« (WuE, 41)

So glaubte Goldziher zu garantieren, dass die Norm der Entwicklung des Judentums in der – sein (Über-)Leben bislang gewährleistenden – Konstanz seiner religiösen Grundwahrheiten ruht.

Goldziher kennt zwei paradigmatisch unterschiedene Ebenen, auf denen die »Faktoren« wirken, »die innerhalb des Organismus der jüdischen Religion die Entwicklung Epoche für Epoche vorangetrieben haben« (WuE, 39). Die Bewahrung der Grundwahrheiten des Judentums durch Entwicklung geschieht zum einen unbewusst auf einer quasievolutiven Ebene:

»Nicht nur auf dem Gebiet der Religionsgeschichte, doch besonders darin kann man zwei Arten der Entwicklung unterscheiden. *Zum einen* diejenige, die im Geiste der *Gemeinschaft* unbewusst, ungewollt, ohne jegliches Ziel vollzogen wird. Die

Äußerungen des seelischen Lebens haben ihre Regelmäßigkeit, es gibt mit anderen Worten psychologische Gesetze, die in den Äußerungen des seelischen Lebens zur Geltung kommen. Heute wissen alle gebildeten Menschen, wie sich die Gesetze der Psychologie in einem der wichtigsten und vornehmsten Bereiche des seelischen Lebens, nämlich in der Ausformung und Entwicklung der Sprache, manifestieren. Auch in der Religionsentwicklung ist eine solche Gesetzmäßigkeit zu beobachten.« (WuE, 39)

Die erneut von seiner Beschäftigung mit Herbarts quantitativer Erfahrungspsychologie zeugenden »Regelmäßigkeiten« der Seele bezieht Goldziher auf die unbewusste, quasievolutive Entwicklung vom Mythos über den Polytheismus zu einer »feineren Gottesidee«, nämlich der jüdischen Idee des Monotheismus. Genauso wie die Sprachentwicklung universalen Gesetzen gehorche, sieht Goldziher auch diese Entwicklung zum Monotheismus in den Gesetzen der »psychologischen Gestimmtheit der Gesellschaft« verankert. Auf einer zweiten Ebene gebe es aber auch eine die Gesellschaft bewusst lenkende und damit willentlich gesteuerte Entwicklung:

»Damit haben wir die *zweite* Art der Religionsentwicklung angesprochen, die nicht von allgemein wirkenden psychologischen Gesetzen, sondern durch *große Persönlichkeiten* verursacht wird. Diese weisen auch den Geistern die Richtung – ganz zu schweigen von einer großen Reform, zu der ein Volk selber durch langsame, natürliche Entwicklung nicht gelangen kann […]. Zum Beispiel konnte das alte hebräische Volk aufgrund allein psychologischer Entwicklung von der in Kanaan gepflegten Religionsausübung kaum dorthin gelangen, wohin es durch die Verkündung der großen Propheten emporgehoben wurde.« (WuE, 39)

Im Vergleich zu anderen Religionen nimmt Goldziher jedoch für das Judentum folgende Modifikation in Anspruch: Die für die zweite Art der Entwicklung verantwortlichen großen Individualitäten sind »gemäß der Eigenart unserer Entwicklung keine Einzelpersonen, sondern ganze Kreise, die die überlieferten Wahrheiten zu ihrer Zeit mit neuer Lebenskraft durchdrungen haben« (WuE, 40). Die Entwicklung des Judentums auf beiden Ebenen beruhe also auf der Gemeinschaft – als Ganzes oder repräsentiert durch Personenkreise. Auf beiden Ebenen arbeite der Gemeinschaftskörper durch bewusste oder unbewusste Anstrengung daran, die Ideen des Judentums durch Entwicklung zu bewahren. So antwortet Goldziher am Ende seiner letzten Vorlesung auf die selbstgestellte Frage, was denn nun das Gemeinsame aller Epochen (in heutiger Terminologie: die Norm der Epochengliederung) gewesen sei:

»Werfen wir nämlich einen Blick zurück auf die Entwicklungsperioden, deren Tendenzen ich das Vorrecht hatte, Ihnen bislang vorzustellen, so konnte bei allen vorwärtstreibenden, den Stoff des religiösen Denkens herausstellenden Zügen, die diese für sich charakterisieren, eine allgemeine Erscheinung unserer Aufmerksamkeit nicht entgehen, die all diesen Knotenpunkten der Entwicklung eigen ist und somit als beinahe intuitiver Zug der jüdischen Entwicklung betrachtet werden kann. Das ist die Entwicklung und das Erleben der Ideen und Faktoren des religiösen Lebens des Judentums *durch die Gemeinschaft,* ihre Befreiung davon, das ausschließliche Privileg einer Kaste zu sein. Die ganze jüdische Gemeinde vertritt Gottes Wort, die ganze jüdische Versammlung hütet und entwickelt die Lehre, nicht einzelne Klassen, die sich von der Mehrheit des Volkes abspalten.« (WuE, 124)

Schon in der ersten Vorlesung hatte Goldziher im Hinblick auf die vor ihm liegende Aufgabe der Darstellung der Entwicklung des Judentums gesagt: »Die wahre Erfüllung dieser Aufgabe setzt eine große geistige Arbeit voraus, *die wissenschaftliche Entfaltung des jüdischen Gemeinschaftsempfindens.*« (WuE, 35) Dieser Kollektivismus und der egalitäre Zug in Goldzihers Denken waren ausgesprochen atypisch für seine Zeit – insbesondere auch innerhalb der Wissenschaft des Judentums. Daher musste Goldziher großen Wert auf den Nachweis legen, wonach allein das gemeinschaftliche Leben die historische Entwicklung des Judentums bestimmt habe und der Ort der Bewährung für die alten und Ort des Gerichts für das Wirken neuer Ideen im Judentum gewesen sei.

Im Folgenden wird Goldzihers Charakterisierung der vier Epochen des Judentums – Prophetismus, Rabbinismus, mittelalterliche Philosophie und Religionswissenschaft – näher betrachtet, wobei der Blick auf die beiden hier relevanten Gesichtspunkte beschränkt wird: Wie hat Goldziher zufolge erstens die Dynamik des religiösen Lebens einer Epoche als Gerichts- und Bewährungsort für eigene und fremde Ideen funktioniert, wie haben zweitens die aus der jeweiligen Epoche als Sieger hervorgehenden – in Übereinstimmung mit den Grundwahrheiten des Judentums stehenden – Ideen dieses Kampfes eine zielgerichtete Entwicklung zuwege gebracht. Den ersten Aspekt, die stufenweise Entwicklung der religiösen Ideen, erachtete Goldziher übrigens nicht als spezifisch für die Entwicklung der jüdischen Religion. Genauso wie sie im Judentum »nicht auf einen Schlag entstanden« seien, sondern »Entwicklungsstufen durchgemacht« haben, sei auch »in den religiösen Schöpfungen anderer Völker eine Abfolge von Entwicklungsstufen zu beobachten« (WuE, 33). Es scheint aber, dass Goldziher in der ununterbrochenen Zielgerichtetheit der jüdischen Entwicklungsgeschichte bis heute ihr *genus specificum* gesehen hat. Wie kann es jedoch gelingen, den Gang der jüdischen Geschichte als Resultat der um ihr Überleben kämpfenden Ideen des Judentums darzustellen und doch in dieser evolutiven Dynamik ein notwendiges Ziel zu erkennen? Modern ausgedrückt: Wie kann die Epochendynamik die substanzielle Norm für die Entwicklung der jüdischen Geschichte sein, ohne ihren (akzidentiellen, aber dennoch) zielgerichteten Verlauf auf den Begriff zu bringen. Die Pointe dieser Argumentationslinie wird die Behauptung eines sozusagen nicht säkularen Entwicklungsbegriffs sein, der einen im Einklang mit der Idee des Monotheismus stehenden Wissenschaftsbegriff hervorgebracht habe. Selbstverständlich ist dies die ultimative Gegenthese zur im Europa des 18. und auch noch 19. Jahrhunderts herrschenden Meinung, das Judentum sei historischer Stillstand schlechthin und unfähig zu Aufklärung und Wissenschaft.

Da Goldziher den Epochenbegriff derart profiliert handhabt, muss seiner Einteilung der Epochen selbst besondere Aufmerksamkeit geschenkt werden. So verlangt zunächst die Tatsache eine Erklärung, dass Goldziher das alexandrinische Judentum, das viele Forscher – auch in der Wissenschaft des Judentums – als zentral für die Formation des Judentums erachteten, nicht in seine Gliederung aufgenommen hat. Goldziher macht dazu einige Andeutungen, etwa bemerkt er im Einleitungsvortrag, dass er »nicht über all die Bewegungen sprechen« werde, die zwar »durchaus berühmt« sind, aber dennoch »im Hinblick auf die Entwicklung des Judentums nicht eine so allgemeine, bleibende und weit reichende Wirkung hatten, dass wir ihnen in diesem Zusammenhang eine entscheidende Rolle zuschreiben könnten« (WuE, 41). Und wirklich hält Goldziher die »berühmte literarische Bewegung« des Hellenismus, »dessen Höhepunkt uns das literarische Schaffen von Philo bildet«, für kein »entscheidendes Entwicklungsmoment« des Judentums, weil sie »nur eine flüchtige und temporäre Wirkung hatte«. Sie habe sich »nicht als lebensfähiges Element« erwiesen, »ihre zwiespältige Natur hat sie nicht zur Allgemeingültigkeit befähigt«; in der organologischen Metapher des von Goldziher sehr geschätzten niederländischen Theologen Abraham Kuenen: Das Phänomen des alexandrinischen Judentums »war nicht im Leben verwurzelt und musste deshalb scheitern« (WuE, 41). Aber Goldziher hielt es für erforderlich, diese scheinbar nur metaphorische Ausdrucksweise – von der wir wissen, dass sie mehr ist als das – später noch auf den Begriff zu bringen. In seiner fünften Vorlesung gibt er eine inhaltliche Analyse der Folgenlosigkeit des alexandrinischen Judentums:

»Die Begriffe, Gesetze, ja sogar die historischen Erzählungen der Heiligen Schrift wurden durch diese als *Allegorie* zu bezeichnende Erklärungsweise bis heute befähigt, philosophische Ideen zum Ausdruck zu bringen, denen das Wort, das Gesetz, die Geschichte nurmehr Hülse ist.« (WuE, 91 f.)

Auslegungen, die Adam als Ausdruck »für den reinen menschlichen Verstand« und Eva »für die sinnliche Anschauung« (WuE, 92) deuteten, lehnt Goldziher ab, weil sie dazu führten, »die Traditionen der alten Hebräer zu platonischen Ideen umzugestalten«. Diese Auslegungen hingen »vollkommen von der Willkür des einzelnen Individuums ab«, es herrsche darin »keine Methode, die den grenzenlosen Flug der Vorstellungskraft hätte leiten und bändigen können«. Goldziher äußert Verständnis für das

Anliegen Philos und seinesgleichen: »[S]ie wollten ein Judentum erschaffen […], das sich neben den Ideen weiser Denker mutig behaupten konnte.« Jedoch brachten sie »keine systematische Wahrheit hervor, die ihre [der Ideen] Erklärungen über das Niveau von *Einfällen* hätte erheben können« (WuE, 93). Nicht ganz unbeteiligt an Goldzihers Verdikt gegen die alexandrinische Epoche dürfte Hegels Behauptung gewesen sein, dass Philo der erste jüdische Philosoph und damit auch der Begründer dieser Gattung gewesen sei: »In dieser Version spricht die jüdische Philosophie immer schon griechisch und gewinnt primär aufgrund ihrer hellenistischen Einflüsse philosophische Gestalt.« Nach Hegel hat Philo als Erster von dem unbegreiflichen, verschlossenen Einen, dem *ón,* ein Zweites, den *lógos* oder *noũs,* im Sinne des sich offenbarenden Gottes unterschieden. Goldziher weiß natürlich, dass diese – Philo vereinnahmende – Interpretation auf den für Hegels Philosophie grundlegenden Text, den Prolog des Johannesevangeliums, zusteuert, in dem die christliche Offenbarung mit der Herabkunft des Logos gleichgesetzt wird. An Goldzihers grundsätzlicher Ablehnung dieser Argumentation lässt sich nicht zuletzt ablesen, dass er nicht zur Reihe jüdischer Hegelianer, wie Nachman Krochmal, Samuel Hirsch, Moses Hess, Eduard Gans, Salomon Formstecher oder Salomon Ludwig Steinheim, gehört. Diese hatten sich dafür entschieden, aus Hegels Verarbeitung der »philonischen Unterscheidung«, wie Westerkamp sie nennt, Kapital für die jüdische Sache zu schlagen. Goldziher hingegen hielt wohl Hegels Philosophie als Vorlage für »irreparabel« und entwickelte eine von Hegel unabhängige Vorstellung systematischer Wahrheit.

Der erste von Goldziher als formativ für das Wesen des Judentums anerkannte Zeitraum ist der Prophetismus, zugleich der einzige, dem Goldziher eine Doppelvorlesung gewidmet hat. Der Prophetismus ist für ihn die wichtigste Epoche, »das Beste, Edelste, Vollkommenste, Bleibendste, was der Geist des Judentums je geschöpft hat«, weil er zugleich »das Idealbild der *Zukunft* […], nach dem wir sehnsüchtig streben« (WuE, 44), verkörpere. Auf seine Bedeutung für Goldzihers Gegenwart wird noch zurückzukommen sein.

Gemäß der ersten Leitfrage gilt es nun darzulegen, wie Goldziher die Epoche des Prophetismus als »Kampfplatz des Lebens« zeichnet und welche Idee des Judentums diesen als Sieger verlassen hat. Es überrascht nicht, dass Goldziher zunächst über viele Seiten die Lebenswirklichkeit der Hebräer unter den Kanaanitern schildert. Er legt unter anderem dar, wie in Reaktion auf den Wechsel der Bodenverhältnisse am Ende der Wanderschaft – statt der Wüste der Sinaihalbinsel »ein fetter Ackerboden« – »die Natur Kanaans wesentlich modifizierend […] auf denjenigen religiösen Ideenkreis einwirkte, den die Hebräer vor der Inbesitznahme ihrer neuen Heimat gepflegt haben müssen« (WuE, 45 f.). Dies erkläre sich daraus, dass der »Gott eines Volkes oder Stammes an den Boden gebunden [ist], auf dem das Volk, das ihm seine Macht zuspricht, lebt« (WuE, 47). Es sei »kein isoliertes Beispiel in der Geschichte der Religionen, dass die Umstellung vom Wanderleben auf die sesshafte Lebensweise, der Übergang von der Kulturstufe der Jagd und Viehzucht auf die des Ackerbaus auch auf die religiöse Weltanschauung eines Volkes modifizierend gewirkt hätte« (WuE, 46). So beruhe in den kanaanitischen Religionen »das Verhältnis der Götter zu dem Volk auf sozusagen *von der Natur* geschaffener Grundlage« (WuE, 47), dies gelte auch für die Gottesidee der sesshaft gewordenen Hebräer. Gegen ebendiese Übernahme der kanaanitischen Gottesidee habe sich aber die »völlig entgegengesetzte Gottesidee« der Propheten gerichtet, »eine Idee, die vor allem im moralischen Bereich völlig andere Wirkungen hatte als jene Religion [der Kanaaniter]« (WuE, 46). Dies lag an ihrem nicht mehr an die lokalen *Bamas* (Opferstätten) gebundenen, sondern einen universalen Geltungsanspruch erhebenden Gottesbegriff: »Dieses universelle Interesse, das über die bloße ortsgebundene Berufung hinaus auch die ferneren Kreise der Menschheit umfasst, wird mit der Entwicklung des Prophetismus zu einem immer stärkeren Charakterzug dieses Kreises.« (WuE, 43 f.) Nach Goldziher ist damit der sich manifestierende Universalismus der Propheten eine Folge ihres kulturellen Kampfes und keinerlei theoretische Hervorbringung: »Das geistige Interesse des Prophetismus war nicht die *theoretische* Bestimmung der Gottesidee. *Theoretische* Interessen hatten sie gar keine.« (WuE, 51) Einige Seiten später stellt er präzisierend fest, dass die Propheten durchaus ein systematisches Interesse gehabt hätten, allerdings sei ihr System durch ihren Kampf *gegen* die bestehenden Systeme und damit durch die Dynamik des Lebens und nicht theoretisch motiviert gewesen:

»Die prophetische Lehre war ein *System*, aus dem die einzelnen Propheten ihre Verkündigung schöpften. Sie nutzten aber kein fertiges System, denn in diesem Fall könnten wir uns kaum an der frischen Lebendigkeit und Dynamik ihrer Verkündigung bis heute erbauen. [Die Propheten gingen] von keinem System, keiner schematischen Lehre aus, die eine bequeme Unterscheidung macht, zwischen den Haupt- und Nebensachen [...]. Vielmehr kämpfen sie gegen ein bestehendes System, gegen eine Art des religiösen Lebens, das sie für falsch halten.« (WuE, 56 f.)

Statt eines abgeschlossenen Systems gab sich der – die natürlichen Verhältnisse »transzendierende« – Universalismus der Propheten die dynamische Form einer moralischen Beziehung zwischen Gott und seinem Volk: »Es [das Gottesverhältnis] ist also keine *naturgegebene*, sondern im edelsten Sinne des Wortes eine *moralische* Beziehung, ein ›Bündnis‹ (berit)«. (WuE, 51) Diese Beziehung qualifiziert Goldziher durch den religiösen Begriff der Chesed, einer Liebe zwischen Gott und Mensch beziehungsweise zwischen Menschen (WuE, 54). Die Epoche des Prophetismus hat also nach Goldziher auf dem »Kampfplatz des Lebens« der Idee einer antispekulativen, moralischen und damit unmittelbaren Beziehung zwischen Gott und Mensch beziehungsweise Mensch und Mensch zum Sieg verholfen.

Obwohl die zweite hier verfolgte Frage, wie nach Goldziher die evolutiv jeweils als »Sieger« einer Epoche hervortretenden Ideen des Judentums dennoch eine zielgerichtete Entwicklung initiierten, sich für die erste Epoche noch nicht sinnvoll stellen lässt, macht Goldziher hierzu einige Andeutungen. Er tut das mithilfe von Einsichten der vergleichenden Religionswissenschaft. Die entwicklungsgeschichtliche Methode der modernen Bibelwissenschaft habe durch die Rekonstruktion der kanaanitischen Umgebung das System der Propheten als eine Reaktion auf diese und damit als eine neue Phase der Religionsentwicklung bestätigt. Goldziher erwähnt in diesem Zusammenhang eine im Jahr 1846 in Marseille entdeckte Inschrift, die »über die Opferkulte des phönizischen Volkes [...] bis in die kleinsten Details Auskunft gab«:

»Diese Denkmäler halfen seit dem Ende des vergangenen Jahrhunderts der Bibelwissenschaft bei ihrer Arbeit, das chronologische Nacheinander der Entwicklungsmomente der Religion, die aus den biblischen Schriften hervorgehen, nach den Ansprüchen der wissenschaftlichen Methode zu begreifen und zu bestimmen.« (WuE, 47)

Tatsächlich hat Goldziher aber nicht nur eine Analogie zwischen der gegen die Herrschaft der Systeme gerichteten, quasievolutiven Methode der Propheten und der von einer interkulturellen Epochendynamik ausgehenden kontextuellen Methode der vergleichenden Religionswissenschaft gesehen. Genauso wie im Fall des Judentums fomuliert Goldziher auch für die Religionswissenschaft die Frage: »Was sind also die großen Epochen der Religionsentwicklung? Das ist die Frage, von der die Religionswissenschaft ausgeht« (WuE, 37). Zumindest ihrer Intention nach hielt er die Methode der Propheten und die Methode der vergleichenden Religionswissenschaft für identisch. So wie sich die im Judentum verfochtene »*direkte* Beziehung von Gott zu derjenigen Seele, die ihn sucht,« gegen den kanaanitischen Synkretismus gewendet habe, so wende sich die moderne Wissenschaft gegen den Aberglauben. Das im Prophetismus wurzelnde Judentum kämpfe »im Namen der Moral gegen das, wogegen die Wissenschaft im Namen der abgeklärten Kenntnisse ihren Kampf führt« (WuE, 67). Das nächste Kapitel wird zeigen, dass Goldziher eine Kontinuität zwischen der quasievolutiven Basis des ethischen Monotheismus und den entwicklungsgeschichtlichen Einsichten der modernen Wissenschaft gesehen hat.

Wie präsentiert Goldziher die zweite Epoche, den Rabbinismus? Erneut schildert er das religiöse Leben einerseits als den Ort der Bewährung alter Ideen im Judentum, andererseits als Ort der Einführung neuer Ideen – die aber in Wirklichkeit nur die im Prophetismus begonnene Entwicklung in Richtung auf einen wissenschaftlichen Wahrheitsbegriff im Judentum fortsetzen. Wieder skizziert Goldziher zunächst den kulturellen Kontext der jüdischen Gemeinden. Den Propheten war es gelungen, den ortsgebundenen Opferkult zurückzudrängen – bis auf den Zentralkult in Jerusalem. An diesem trat nun aber nach der Zeitenwende »der hierarchische Geist um die Zeit des Zweiten Tempels, dessen Mittelpunkt der Hohepriester (kohen gadol) war, dermaßen in den Vordergrund [...], dass man jene Bewegung, die den Gegenstand dieser Vorlesung bildet, als den wahren Lebensretter bezeichnen kann: ich meine den *Rabbinismus*« (WuE, 76). Analog zu den Ereignissen in der Zeit der Propheten ging es nun um die Befreiung des Judentums von seiner Konzentration auf den Jerusalemer Kult, um es zu befähigen, »seine Berufung in einer nicht orts- und zeitgebundenen freien Gestalt zu erfüllen« (WuE, 77). Dieser Kampf wurde in den Gemeinden zwischen den Parteien der Sadduzäer als der herrschenden Priesterkaste am Jerusalemer Tempel und den ihren Rückhalt im breiten Volk suchenden Pharisäern ausgetragen. Der Sieg der Pharisäer über die Sadduzäer hatte die Dezentralisierung des religiösen Lebens zur Folge: »Der *heilige Charakter* der Priesterfamilien wurde in den Hintergrund gedrängt zugunsten der Berufung des jüdischen *Volkes* zur *Heiligung des Lebens.*« (WuE, 80) Mit der Ersetzung des Priesters durch das Volk und des Tempels durch die Synagoge trat der Rabbinismus »mit anderen Mitteln in die Fußstapfen des Prophetismus, der die Bewegkraft der vergangenen großen Epoche gewesen war« (WuE, 77). Damit unterschied sich der Rabbinismus vom Prophetismus nur akzidentiell:

»Die rabbinische Morallehre ist das Kind, eine besondere Folge der prophetischen Morallehre, deren Hauptideen sie entwickelt: die Konzepte der chesed und kedusha, die Entbehrlichkeit der Opfer, die geistige Rückkehr zu Gott. Sie unterscheidet sich von jener nur in ihrer Form.« (WuE, 80)

Die neue Form war die rabbinische Schriftauslegung. Sie war durch und durch Ausdruck der »Freiheit des Geistes in der religiösen Lehre« (WuE, 81), sodass der kreative Umgang des Rabbinismus mit der Tradition zu seinem spezifischen Merkmal werden konnte:

»Denn das Prinzip des Rabbinismus, also nicht seine Absicht, sondern der seinen Äußerungen entnommene Geist ist es, welchen er selbst als das ungeschriebene, *mündliche Gesetz* bezeichnet, dem der Talmud und die sonstige rabbinische Literatur ihren Ursprung verdanken. Es ist dies nichts anderes als der Geist der pausenlosen Fortbildung und aktuellen Entwicklung. Das Prinzip, dass wir keine Knechte des Buchstabens sein dürfen, sondern dass wir diesen immer und immer wieder neu erleben, entsprechend dem Geist, der diesen erfüllt, [entsprechend] dem religiösen Bewusstsein, welches die Synagoge erfüllt.« (WuE, 81)

In der durch das Prinzip des mündlichen Gesetzes verkörperten »Freiheit des Geistes« erkennt Goldziher die Kontinuität des antitheoretischen Zuges des Prophetismus. So wie in jener Epoche das Interesse der Propheten in der Frage der Bestimmung der Gottesidee frei von Theorie war, so hatte nach Goldziher auch die Schriftauslegung des Rabbinismus kein spekulatives Interesse: »Das Wissen hat also keine theoretischen Ziele, sondern es richtet sich vor allem auf praktische Aufgaben.« (WuE, 88) »Die Freiheit gegenüber dem geschriebenen Buchstaben« gewinne »in dieser Epoche nicht durch die Vertiefung der Spekulation, sondern in der Tat durch äußerst praktische Gesichtspunkte ihre Richtung […]: durch die *tatsächlichen Anforderungen und Bedürfnisse des religiösen Lebens der Konfession*« (WuE, 82). Im Rabbinismus sei das Wissen »nicht für die *Schule,* für die Lernstube bestimmt, sondern um im *Leben* zur Geltung zu kommen« (WuE, 88).

Auch den zweiten hier interessierenden Aspekt – wie können die jeweils im »Kampf des Lebens« überlegenen Ideen einer Epoche im Judentum eine zielgerichtete Entwicklung bewirken – verliert Goldziher für die Zeit des Rabbinismus nicht aus dem Blick. Das Prinzip des Rabbinismus, das mündliche Gesetz, erklärt Goldziher zum Ermöglichungsgrund des Fortschritts, ja der Entwicklung (hervorgehoben!) als dessen notwendiger Folge:

»Dieses Prinzip, dieses unschätzbare Prinzip verlieh der Freiheit der rabbinischen Schriftauslegung ihr Dasein, wodurch sie in veränderten Lebensverhältnissen, über den Buchstaben des Gesetzes hinaus den Geist des Gesetzes rettet und sich selbst diesbezüglich keine Autorität anmaßt, die das freie Studium der zukünftigen Generationen als illegitim ausschließen würde […]. Sie ermöglicht somit einen kontinuierlichen Fortschritt und *Entwicklung,* ja sie macht diese sogar unvermeidlich.« (WuE, 81 f.)

In den kommenden Generationen wurde das Streben nach Wissen und damit der Stoff selber zu einem Entwicklungsfaktor der Religion: »Der Rabbinismus ist kein *System,* sondern eine *Methode,* deren Stoff der *Entwicklung* unterworfen ist« – eine Methode, die lediglich »die von den geistigen Ansprüchen der Epochen gelenkte *Freiheit gegenüber den toten Autoritäten*« (WuE, 89) kennt. Verstärkend kam hinzu, dass der Rabbinismus das Wissen nicht »zur Berufung des *Gelehrten,* sondern des *ganzen Volkes*« gemacht hatte. Hierdurch bekam die Wissenssuche im Judentum nicht nur die denkbar breiteste Basis, sie konnte auch per definitionem nicht »zu einem systematischen Ganzen abgerundet« werden: »Denn jeder späteren Generation und jedem jüdischen Menschen, der zu dieser gehört, oblag dieselbe Aufgabe, welche ihren Vorfahren als die vornehmste Bestimmung galt: sich mit der Thora zu beschäftigen, das religiöse Wissen zu fördern.« Die forschende Durchdringung des traditionellen Wissens wurde »zu einem gemeinschaftlichen Werk der ganzen Konfession«. Es wurde dem Laien nicht vom »Kanongelehrten« fertig vorgelegt, sondern konnte nur »durch Eigenbeitrag« erworben werden (WuE, 88). Durch all dies, die Unabgeschlossenheit der Wahrheitssuche, ihren empirischen Charakter, ihren demokratischen Zugang, suggeriert Goldziher als seinen Fluchtpunkt das Paradigma wissenschaftlicher Wahrheit in der Neuzeit. So kann er ausrufen: »Es gibt außerhalb des Judentums, meine Herren, keine Religionsgemeinschaft, in der die *wissenschaftliche Beschäftigung mit der Religion zur Pflicht* aller Gläubigen gemacht wird.« (WuE, 85) Nach Goldziher bezeugt auch der Talmud, Produkt der mündlichen Tora schlechthin, die in der Praxis des religiösen Lebens gewachsene Übereinstimmung von wissenschaftlicher und religiöser Wahrheit: »Das Ziel der Wissenschaft [*chokhma*] ist: Rückkehr zu Gott und Wohltaten [tun] (Berakhot 17a).« (WuE, 87) Noch im Schlussparagrafen der Rabbinismusvorlesung beschwört Goldziher diesen Zusammenhang: »Doch die jüdische religiöse Wissenschaft wartete nicht auf die Entzündung der Fackel der neuzeitlichen Wissenschaft, um in die Fußstapfen des Geistes des antiken Rabbinismus zu treten.« (WuE, 89) Hierin kündigt sich Goldzihers Überzeugung von der bereits in der mittelalterlichen Philosophie vonstattengehenden Kristallisierung eines dem Judentum eigenen wissenschaftlichen Entwicklungsbegriffs an.

Maimonidische Inspiration – Die Entwicklung des Monotheismus aus dem Widerständigen historischer Kontingenz

Entdeckung der Geschichte in Maimonides' Gesetzesbegriff

Die Epoche der jüdischen Philosophie des Mittelalters bedeutet für Goldziher einen Quantensprung in der Entwicklung des Judentums. In dieser Epoche wird für ihn das bislang implizit auf dem »Kampffeld des Lebens« zu beobachtende Entwicklungsprinzip des Judentums – der antispekulative Gottesbegriff der Propheten und die Freiheit des Geistes der Rabbinen – explizit auf den (Entwicklungs-)Begriff gebracht. Gleich zu Beginn dieser fünften Vorlesung verkündet er als Lehre dieser Epoche,

> »dass unsere Religion mit den herrschenden Wahrheiten aller Zeiten, mit der fortschreitenden Entwicklung des menschlichen Denkens Schritt hält, sich den höheren Ideen, die von Jahrhundert zu Jahrhundert den Inhalt des menschlichen Denkens bereichern, nicht verschließt […], sondern jede Wahrheit, welche auch ihren [der jüdischen Religion] Inhalt auf eine tiefere Basis zu gründen vermag, mit jubelnder Dankbarkeit aufgreift, sich ihrer annimmt und sie aufarbeitet.« (WuE, 91)

So ist Goldziher der Auffassung, dass die Konfrontation mit der griechisch-arabischen Wissenschaft dem Judentum ermöglicht habe, sich lange vor dem 19. Jahrhundert einen wissenschaftlichen Entwicklungsbegriff zu erarbeiten. Innerhalb der oben aufgezeigten Koordinaten von Goldzihers Entwicklungsdenken bedeutet dies den Nachweis, dass einerseits die – lediglich auf kultureller Dynamik beruhende – Norm der Epochenfolge des Judentums keine Idee ist (gegen Hegel und für Darwin), andererseits aber doch die evolutive Dynamik der jüdischen Geschichte einen propositionalen Entwicklungsbegriff nicht ausschließt (gegen Darwin und für Hegel). Wenn nun die jüdische Philosophie des Mittelalters bereits die Entwicklung des Judentums auf einen wissenschaftlichen Begriff gebracht hat, dann befindet sich dieser in gewisser Weise bereits auf dem Niveau von Goldzihers zeitgenössischem Entwicklungsbegriff. Warum aber folgt dann in seiner Vorlesung auf die mittelalterliche jüdische Philosophie noch eine weitere Epoche, die der modernen Religionswissenschaft? Zu Beginn seiner sechsten Vorlesung stellt Goldziher selbst diese Frage und gesteht ein: »Fürwahr, meine Herren, unter formalem Gesichtspunkt haben für uns unsere mittelalterlichen Denker das höchste Entwicklungsziel erreicht.« (WuE, 107) Es gilt also im Folgenden zu zeigen, inwiefern erstens die mittelalterliche Entfaltung des Judentums *formal* den Höhepunkt der Entwicklung des Judentums darstellte und zweitens die Religionswissenschaft *in der Form jener dritten Epoche* diese Entwicklung doch noch eine Stufe weiter geführt hat.

Welche bleibende *formale* Errungenschaft brachte also die »geistige Bewegung« hervor, die »als der *dritte* große Entwicklungsfaktor in der Geschichte des Judentums [...] die *Philosophie und ihre Wirkung auf die jüdische Religion*« (WuE, 91) dargestellt hat? Goldziher skizziert zunächst die Entstehung der arabischen Philosophie und Wissenschaft im Mittelalter und ihre Einwirkungen auf die unter muslimischer Herrschaft lebenden Juden. Die durch arabische Übersetzer wie Isḥāq ibn Ḥunain übertragenen Werke der antiken Wissenschaft – etwa der Almagest des Ptolemäus – bildeten die Grundlage für die eigene wissenschaftliche und philosophische Produktion der Araber mit herausragenden Vertretern wie dem Astronomen al-Biṭrūjī und den Philosophen al-Fārābī und Ibn Sīnā. Wegen ungünstiger Bedingungen in Europa war damit das »freiere Denken«, wie Goldziher sich ausdrückt, nach Persien und Mesopotamien geflohen, und muslimische Fürsten und Kalifen hatten sich »als wahre Mäzene und Förderer […] des wissenschaftlichen Schaffens« hervorgetan. Der Aristotelismus fiel nicht nur »wie befruchtender Tau auf die islamische Dogmatik«, sondern auch auf die im Reich der Kalifen lebenden Juden. Unter den Gaonen, den geistlichen Führern der im Osten lebenden Juden, habe sich besonders Sa'adia Gaon hervorgetan, weil er den Verstand »zur Triebkraft des religiösen Lebens« gemacht habe. Durch ihn sei der Begriff des Verstandes (hebr. *sekhel*) erstmals gleichwertig neben die Erkenntnisquellen der Schrift und der Tradition getreten. Fortan sei die Auffassung, dass das Judentum nichts akzeptiere, was dem Verstand widerspreche, »so zu sagen zur orthodoxen Lehre geworden« (WuE, 97). Folge davon sei nicht nur die Initiierung der jüdischen Philosophie im Westen, sondern auch die Prägung der christlichen Scholastik und der europäischen Wissenschaften durch die arabisch-jüdische Philosophie gewesen.

Nach diesen grundsätzlichen Bemerkungen widmet Goldziher die verbleibenden zwei Drittel seiner fünften Vorlesung dem wohl bedeutendsten jüdischen Philosophen, Moshe ben Maimon. Vor allem diesem im lateinischen Westen als Maimonides bekannten Denker schreibt Goldziher das Verdienst zu, dem Judentum seine höchste Stufe erschlossen zu haben: »Durch den größten Vertreter dieser epochalen Bewegung, Moses Maimonides«, sei das »religiöse Denken auf eine höhere Stufe, auf die höchste Stufe« gehoben worden. Doch was meint Goldziher, wenn er sagt, dass Maimonides »unter formalem Gesichtspunkt« das höchste Entwicklungsziel des Judentums erreicht habe? Die Form des maimonidischen Denkens ist insbesondere durch die aristotelische Philosophie bestimmt, aber gerade diese hat mit dem Ende der Epoche der mittelalterlichen Philosophie ihre paradigmatische Bedeutung eingebüßt. Dies betont auch Goldziher ausdrücklich: »Der Aristotelismus war die Wissenschaft dieser Epoche. Doch seine Herrschaft ist längst untergegangen.« (WuE, 106) In der Tat verbietet Goldzihers Anspruch auf einen der jüdischen Tradition eigenen wissenschaftlichen Entwicklungsbegriff, dass dieser hinter den Entwicklungsbegriff des historischen Denkens der Neuzeit zurückfällt. Zu dessen Profil gehört aber diese Erkenntnis: »[H]istorical change produces conceptual change.« Der noch von Maimonides gehandhabte aristotelische Wahrheitsbegriff wusste nichts von einem Unterschied zwischen Bedeutung und Wahrheit, weshalb etwa für Maimonides die Vorstellung, Aristoteles habe sein metaphysisches Wissen von Abraham bezogen, nicht unzulässig war. Dem mit dem Konzept der Entwicklungsgeschichte vertrauten Goldziher war dagegen die Möglichkeit verwehrt, sein Entwicklungskonzept unmittelbar im maimonidischen Denken zu verankern. Wie konnte aber dann der auf dem Boden der Wissenschaft des 19. Jahrhunderts stehende Goldziher behaupten, das maimonidische Denken stelle – wenn auch nur formal – den Höhepunkt der Entwicklung des Judentums dar? Goldziher hat ein Prinzip der maimonidischen Philosophie im Blick, dessen formale Bedeutung es der aristotelischen Begrifflichkeit entzieht, ohne einen Anachronismus in diese einzutragen:

»Doch ein großartiges Prinzip entstammt der geistigen Werkstatt des mittelalterlichen Judentums, das keinen relativen, sondern *absoluten* Wert hat, und besonders unter Maimonides' Feder zu einem dermaßen bestimmenden Element des jüdischen Denkens geworden ist, dass ihm darin zu Recht eine dogmatische Würde zukommt: das ist die Reinigung der Gottesidee von jeglichen sinnlichen Attributen, ihre Befreiung von den Schlacken der Versinnlichung, von dem, was man Anthropomorphismus zu nennen pflegt.« (WuE, 101)

Es ist bekannt, dass Maimonides in den Kapiteln 50 bis 68 des ersten Teils seines *More Nebukhim* (Führer der Unschlüssigen) die Begründung seines Gottesbegriffs in dichter aristotelischer Begrifflichkeit vorgetragen hat. Goldziher ignoriert im Zuge seines formalen – und damit von dessen aristotelischer Gestalt losgelösten – Interesses am Gottesbegriff des Maimonides diese in Gestalt der sogenannten Attributenlehre entwickelte Argumentation vollständig. »Deshalb erforschen wir nicht ihre [der Lehre] einzelnen Thesen, analysieren wir nicht die Details seiner Lehre, sondern wir begnügen uns mit der Würdigung des fundamentalsten und zugleich idealistischsten Moments seiner Lehre«. (WuE, 104) Ohne die Attributenlehre überhaupt zu erwähnen, interessiert sich Goldziher ausschließlich für die von dessen Gottesbegriff ausgelöste kulturelle Dynamik. Diesen Zusammenhang zwischen Gottesbegriff und praktischem Leben stellt Goldziher sowohl für die Person des Maimonides als auch kollektiv für das jüdische Volk heraus. Maimonides habe »in den groben, abergläubischen Ansichten nicht nur einen *philosophischen*, metaphysischen

Fehler« gesehen, sondern ihn »durch seine ganze Seele« gefühlt. Goldziher findet diese Haltung unter anderem im 35. Kapitel des *More* ausgedrückt: Es sei »sogar unbedingt notwendig, diese Lehre in der großen Masse zu verbreiten und darin die Jungen zu unterweisen.« Für Goldziher besaß die Vorstellung von der praktischen Verbreitung der maimonidischen Gotteslehre eine solche Wichtigkeit, dass er die Gesamtbedeutung des *More* auf dieses Anliegen reduzieren konnte: »[U]nd ich glaube nicht, dass es einen wertvolleren Gedanken als diesen in diesem tiefsinnigen Werk gibt.« (WuE, 102) Darüber hinaus macht sich Goldziher Maimonides' schroffe Haltung in der Frage der Durchsetzung des gereinigten Gottesbegriffs zu eigen: »Es gibt keine Ausrede für denjenigen, der, sofern unfähig zum selbständigen Denken, von den wahren Denkern keine Belehrung annimmt.« (WuE, 103) Nach dem zweiten seiner 13 Prinzipien wie auch in der *Mishne Tora* (Teshuva 3,7) erklärte Maimonides Zuwiderhandelnde kurzerhand zu Ketzern. Auf diesem Weg habe er »allen mythologischen Vorstellungen, die die Seele des gemeinen Volkes verwirren, ein Ende machen« wollen (WuE, 103). Als ein Beispiel für den kollektiven Kampf des jüdischen Volkes gegen den anthropomorphen Gottesbegriff führt Goldziher den durch die maimonidischen Schriften ausgelösten »Kulturkampf« in Südfrankreich und Spanien an. In dessen Verlauf seien die maimonidischen Vorstellungen wirklich »ins religiöse Empfinden eingearbeitet« und »zu Faktoren im Kontext des religiösen Konsenses« (WuE, 103) umgewandelt worden. So habe am Ende dieser heftigen kulturellen Auseinandersetzungen sogar ein scharfer Kritiker des Maimonides wie der Talmudgelehrte Salomon ben Adret die anthropomorphe Rede von Gott als unzulässig anerkannt.

Formal nimmt also deshalb die mittelalterliche Philosophie den Höhepunkt in der Entwicklung des Judentums vorweg, weil sie – vor allem mit Maimonides – nicht nur »die religiösen Grundbegriffe von der Schlacke der Sinnlichkeit, dem Aberglauben reinigte«, sondern »diese gereinigten Begriffe nicht als *theoretische* Ergebnisse betrachtete, die dem Zuständigkeitsbereich der Philosophen angehörten, sondern den Glauben der so genannten *Masse* sowie die religiöse Erziehung der Schulkinder von diesen abhängig gemacht hat« (WuE, 103). Diese Transformation des theoretischen Gottesbegriffs des Maimonides in einen formalen – genauer: performativen – gesellschaftlichen Faktor leistet zweierlei: Erstens macht Goldziher hierdurch diesen Begriff zu einem relevanten Faktor für die – nach Goldziher allein auf kultureller Dynamik beruhende – Entwicklung des Judentums. Zweitens ermöglicht er, dass der (evolutive) Entwicklungsbegriff der säkularen Moderne überhaupt in den Horizont des religiösen Gottesbegriffs des Maimonides gelangen kann. Die Umsetzung dieser doppelten Absicht im Rahmen einer Vorlesung ist kein einfaches Unterfangen, denn Goldziher will sowohl die epochenspezifische Integrität der modernen, wissenschaftlichen Methoden wahren als auch die epochenübergreifende Relevanz des maimonidischen Denkens sicherstellen. So hatte er am Ende der fünften Vorlesung einerseits angekündigt, er werde eine Woche später »darüber sprechen, *wie* und *warum* der Geist der Gegenwart von anderen wissenschaftlichen Methoden geleitet wird« als im Mittelalter, andererseits aber betont, er wolle den gereinigten Gottesbegriff der mittelalterlichen Philosophie als bleibende Errungenschaft erhalten, damit »wir in einer geistigen Gemeinschaft mit Moses ben Maimon und den unsterblichen Vorgängern und Nachfolgern seines Werks bleiben« (WuE, 106). In seiner Vorlesung bedient sich Goldziher daher eines Kunstgriffs, um gleichzeitig Trennung und Verbindung der mittelalterlichen und der modernen Epoche garantieren zu können. Statt den formalen Höhepunkt des maimonidischen Gottesbegriffs in aristotelischer Begrifflichkeit zu erläutern, wählt Goldziher eine metasprachliche Ebene: Eine dem Bereich der Natur entnommene organologische Metaphorik drückt sowohl die Diskontinuität als auch – in ihrer unmetaphorischen Bedeutung – die Kontinuität zwischen Mittelalter und Moderne aus. Wie bereits vermutet, ist Goldzihers Rede vom »gewissenhaften Gärtner« und den »Leben spendenden Strahlen der Wissenschaftlichkeit der Epoche« auf den »Baum des Judentums« mehr als nur eine blumige Beschreibung einer entrückten Epoche (WuE, 105 f.). Es wird zu zeigen sein, dass Goldziher seinen Begriff der modernen Religionswissenschaft an genau diesem biologisch konnotierten Verhältnis von Wissenschaft und Religion orientierte.

Die gleiche Technik wendet Goldziher an, um das moderne entwicklungsgeschichtliche Denken in seiner Diskontinuität *und* Kontinuität zum jüdischen Mittelalter einzuführen. Wiederum in metaphorischer Redeweise präsentiert er Maimonides als den Ersten, der – gewissermaßen aus der Vogelperspektive – sichtbar werden ließ, dass die Entwicklung der jüdischen Religion aus einer Abfolge verschiedener Epochen besteht:

»Deshalb wird der Mann, der gleichsam der bewussteste Repräsentant dieser Bewegung [der mittelalterlichen Denker] war, auch heute noch ›der große Adler‹ genannt, weil wir auch heute noch durch die mutigen Schläge seiner Flügel den ätherischen Weg erklimmen können, der uns in jene unendliche, reine Höhe erhebt, wo die Wahrheiten jeder Epoche unser religiöses Denken stufenweise bereichern. Ohne ihn können wir uns in dieser Atmosphäre nicht bewegen und wir wären gezwungen, mit den erstarrten Gestalten einer längst versunkenen Epoche uns zufrieden zu geben und abzufinden – ergebnislos.« (WuE, 107) In Goldzihers Metaphorik scheint der Anspruch verborgen zu sein, dass der ätherisch reine Gottesbegriff des Maimonides erstmals – und seiner Zeit weit voraus – ein Epochendenken möglich gemacht habe. Einen Hinweis darauf, wie dieser Zusammenhang von ätherisch reinem Gottesbegriff und modernem Entwicklungsdenken herzustellen ist, gibt Goldziher unmittelbar im Anschluss:

»Wenn wir also in formaler Hinsicht auf den Schultern der mittelalterlichen Philosophen [stehend] aufstreben, berufen wir uns in gegenständlicher Weise gerade auf sie, beinahe auf ihr Befehlswort hin bewegen wir uns fort, schreiten wir voran, entwickeln uns und bleiben nicht stehen. Der Geist hat keine Grenzen, die Wahrheit, die er fördert, besiegt den Widerspruch, der seine aktuellen Erscheinungsformen notwendigerweise begleitet und erhebt sie zu höheren Formen. Nur so bleibt er sich selbst treu.« (WuE, 107)

Das »gegenständliche« Stehen auf den Schultern der mittelalterlichen Philosophen und das »Sich-Fortbewegen auf ein Befehlswort« scheint auf die im Mittelalter beginnende Konturierung des Gesetzes als Korpus der 613 Gebote wie auch auf das Projekt ihrer systematischen Begründung *(ta'ame ha-mitzwot)* hinzudeuten. Diese Begründungen versuchten nämlich die mittelalterlichen Philosophen erstmals für alle Vorschriften des religiösen Gehens, also der Halacha, vorzunehmen. Den Zusammenhang des maimonidischen Gottesbegriffs mit dem modernen Entwicklungsbegriff sucht Goldziher damit in dem mittelalterlichen, philosophischen Projekt der

Begründung der Gebote – wobei wir auch hier wieder die spezifische Position des Maimonides als Goldzihers Referenzpunkt vermuten dürfen. Es gilt folglich zu klären, welchen Zusammenhang Goldziher bei Maimonides zwischen dem monotheistischen Gottesbegriff, den *ta'ame ha-mitzwot* und dem Entwicklungsdenken gesehen hat.

Zuerst wurde der schon im Midrasch (etwa Numeri Rabba 16,1) auftauchende Gedanke der Begründbarkeit der Gebote durch Sa'adia Gaon systematisch bearbeitet und als ein neues Genre in das mittelalterliche Denken eingeführt. Maimonides war jedoch mit der Herangehensweise Sa'adias an das Problem der Gründe für die Gebote – wie auch in zahlreichen anderen Fragen – nicht einverstanden. Um Sa'adias Umgang mit diesem Topos zu verstehen, muss man seinen Hintergrund, die zeitgenössische islamische Aufklärung im 10. Jahrhundert, berücksichtigen. Einerseits lässt Sa'adia sich durch den mutazilitischen Kalam inspirieren, der die grundsätzliche Begründbarkeit aller Gebote im Koran behauptet hat; andererseits sucht er einen Kompromiss zwischen dem mutazilitischen und dem ascharitischen Kalam. Letzterer führt die Autorität der Gebote auf Gottes uneinsehbaren Willen und die Offenbarung zurück (nach Alexander Altmann legt schon das biblische Gesetz selber diese Zweiteilung nahe). Im dritten Kapitel seines systematischen Traktats *Al-Amānāt wa'l-I'tiqādāt* (*Sefer Emunot we-Deot,* »Glaubenslehre und Philosophie«) kombiniert Sa'adia beide Auffassungen, indem er eine Zweiteilung in begründbare *(a'qliyya/sikhliyyot)* und nicht begründbare, nur ihre gehorsame Befolgung fordernde Gebote (*sam'iyya/shim'iyyot,* der deutlich kleinere Teil) vornimmt, eine für die mittelalterliche jüdische Philosophie, aber auch noch für Leibniz und Kant bedeutsame

Gliederung. Da nun Maimonides die Position vertrat, dass jedes Gebot eine Doppelstruktur besitze und damit sowohl Gegenstand der Begründung sein müsse als auch Gehorsam fordere, konnte er Sa'adia nicht zustimmen. Auch Maimonides hatte seine Position hinsichtlich der Begründung der Gebote – 200 Jahre später – vor dem Hintergrund des zeitgenössischen Islam entwickelt. Auch er entwarf sie als ein Vermittlungsprodukt der Positionen der beiden dominanten theologischen Schulen – allerdings nun in der Frage des angemessenen Erklärungsmodells für die Schöpfung: entweder mit den islamischen Aristotelikern – eine zur Zeit Sa'adias erst im Entstehen begriffene Schule – als Emanation oder aber durch den Voluntarismus des Kalam. Erstere behaupteten die Notwendigkeit alles Seins in der Welt: »Die Welt geht aus Gott mit Notwendigkeit hervor, und es besteht in ihr ein notwendiger Zusammenhang, durch den sowohl das Dasein wie das Sosein jedes Objektes eindeutig bestimmt ist.« Dies schließt sowohl im Ganzen wie im Detail jede Kontingenz aus. Das vollkommene Gegenteil trifft auf den Kalam zu, der in seiner gewöhnlichen Form die Welt als eine freie Schöpfung des göttlichen Willens betrachtet. Ein innerweltlicher, kausaler Zusammenhang wird verneint. Jedes Atom dieser Welt unterliegt überall und zu jedem Zeitpunkt dem göttlichen Willen: »Der Okkasionalismus dieser Weltauffassung schließt jede Notwendigkeit des Geschehens aus. An Stelle der unbedingten Notwendigkeit des Emanationssystems tritt hier eine ebenso uneingeschränkte Kontingenz.«

Die Vermittlung zwischen der Kausalität des aristotelischen Rationalismus und der Kontingenz des biblischen Voluntarismus, die Maimonides nun für das Judentum suchte, stand vollständig unter dem Vorzeichen seines Gottesbegriffs. Nach Maimonides sollte dieser sowohl radikal unabhängig von der menschlichen Einbildungskraft sein – gegen den Kalam, der nach Maimonides dieser Forderung nicht genügte – als auch den (aristotelischen) Gesetzen der sichtbaren Wirklichkeit nicht widersprechen. Gemäß seinem Gottesbegriff scheidet Maimonides daher strikt zwischen (der Einbildungskraft zugänglicher) innerweltlicher Existenz und dem (jeglicher Vorstellung unzugänglichen) Verhältnis Gottes zur Welt. Nur Gott erkennt im Verhältnis zur Welt die Notwendigkeit des unbedingten Seins. Die Welt in sich kennt zwar auch notwendiges, allerdings nur die Notwendigkeit des *bedingten* Seins. Was bezweckt Maimonides mit dieser innerweltlichen Unterscheidung von Notwendigkeit und Kontingenz? Mit dem Beharren auf der Gesetzmäßigkeit der Welt möchte er (gegen den Kalam) verhindern, dass allein die Einbildungskraft zum Maßstab für die Möglichkeit der Existenz aller Dinge gemacht wird (»Alles, was vorstellbar ist, ist wirklich«); aber diese Gesetzmäßigkeit muss eine bedingte bleiben, weil wir zwar erkennen können, »daß sie in der Welt tatsächlich gilt, aber wir vermögen nicht zu erkennen, daß sie mit absoluter Notwendigkeit gelten muß.« Die Erkennbarkeit dessen, was der Mensch für die Gesetze der Welt hält, sei also durch die Gleichgültigkeit oder Widerständigkeit der kontingenten Materie bedingt. Wie die Gesetze der Welt sei aber auch die Kontingenz der Materie kein Produkt der Einbildung, sondern bestehe an sich – also auch für Gott: »Kein Gesetz der Natur ist vollständig festlegend und kein natürliches Phänomen ist vollständig festgelegt – nicht einmal in der Wahrnehmung Gottes.« Ebendiese Gleichzeitigkeit von Naturgesetz und Kontingenz ist der entscheidende Punkt, an dem Goldziher interessiert ist, wenn Maimonides im dritten Teil des *More Nebukhim* seine Auffassung von der Gültigkeit der Naturgesetze auf das Religionsgesetz überträgt. Dadurch, dass Maimonides Naturgesetz und offenbartes Gesetz als gleichzeitig notwendig *und* kontingent auffasst, als gleichzeitig rational *und* Raum für die Anpassung an »Widerständiges« oder Kontingentes lassend, erhalten die Gebote die erwähnte Doppelstruktur: Sie sind Gebote des Gehorsams (durch ihren kontingenten Aspekt) *und* rational erklärbare Gebote (durch ihren begründbaren Aspekt). Was Goldzihers Interesse dabei weckte, war die Tatsache, dass Maimonides die kontingenten oder widerständigen Veranlassungen der Gebote in den historischen Umständen ihrer Einsetzung geortet hatte. Hierdurch bot sich für Goldziher die Möglichkeit, historisches Denken – im Unterschied zum 19. Jahrhundert – aus (s)einer religiösen Tradition völlig eigenständig zu entwickeln.

Inwiefern birgt nun die Doppelstruktur der Gebote eine Idee der Entwicklungsgeschichte? Gott hat die Gesetze *in Anpassung an die historischen Gegebenheiten* seiner Epoche an Mose verliehen. Diese Position gestattet es Maimonides erstens, Gründe für *alle* Gebote zu ermitteln – sofern er auch für die in ihrer Rationalität nicht mehr zugänglichen zeigen kann, dass ihre konkrete Gestalt das Produkt einer (göttlichen) Akkommodation an die Gegebenheiten zum Zeitpunkt ihrer Einsetzung war. Er konnte so etwa dem scheinbar grundlosen Verbot, Wolle und Leinen zu mischen *(Sha'atnez),* eine Begründung aus dem historischen Kontext geben. Bevor wir dieses Beispiel weiter ausführen, muss aber noch eine zweite Absicht genannt werden, die Maimonides mit den kontingenten Geboten verfolgte: Durch die kontextuelle Anpassung der kontingenten Gebote zeugten diese nicht nur von ihren Entstehungsumständen, sondern Gott habe durch ebendiese Anpassung monotheistischer

Gebote an polytheistische Kontexte letztere auch zielgerichtet verändern wollen – im Sinne der Stärkung des Monotheismus. Hier liegen die Wurzeln des von Goldziher begierig aufgegriffenen Konzepts einer »monotheistischen Entwicklungsgeschichte«. Die Annahme der Realisierung des göttlichen Plans mit der Welt durch die Akkommodation seines Gesetzes an (polytheistische) Lebensumstände impliziert die Vorstellung, Gott habe den Monotheismus der Hebräer nicht etwa in schroffer Konfrontation gegen die umgebenden Völker durchsetzen wollen, vielmehr mittels deren kontinuierlicher Reorientierung.

Maimonides spricht von einer »List Gottes« *('ormat ha-shem u-tevunato)*, die sich darin zeige, dass Gott die Opfergesetze in Akkommodation an den Polytheismus der umgebenden Völker zunächst auch für die Hebräer übernahm – jedoch nur, um im Vertrauen auf die veränderte (monotheistische) Intention der hebräischen Opferpraxis das götzendienerische Verhalten der umgebenden Völker *schrittweise* zu ändern. Dies sei grundsätzlich die Art von Gottes Leitung der Welt. Im *More Nebukhim* (3, 32) sagt er: »Ein plötzlicher Übergang von einem Extrem zum anderen ist unmöglich. Aus diesem Grund ist ein Mensch seiner Natur nach unfähig, plötzlich all das aufzugeben, woran er gewöhnt war.« Die Weisheit und List Gottes habe es nicht darauf abgesehen, jeglichen Afterdienst Gottes unmittelbar zu verbieten, denn die Natur des Menschen lasse sich nur über das beeinflussen, woran sie gewöhnt sei. Statt eines Gesetzes, welches Beten, Opfern, Fasten etc. rigoros ver- und die Versenkung in Gott gebietet, bestimmt Maimonides die Intention des göttlichen Gesetzes so:

»Aus diesem Grund erduldete Er, gelobt sei Er, die Fortdauer der erwähnten [heidnischen] Arten des Gottesdienstes, jedoch übertrug er sie von geschaffenen oder eingebildeten und unwirklichen Dingen auf Seinen eigenen Namen, gelobt sei Er, indem er uns befahl, sie im Hinblick auf Ihn, gelobt sei Er, auszuüben.« (More 3, 32)

Anhand des kontingenten Verbots des *Sha'atnez* lassen sich sowohl das historisierende Potenzial als auch die entwicklungsgeschichtliche Dynamik von Maimonides' Projekt der Begründung der Gebote verdeutlichen. Um seine Behauptung von der Kontextualisierung des Gesetzes in der Zeit von Mose zu beweisen, musste Maimonides historische Quellen studieren. Hierbei machte er eine bemerkenswerte Entdeckung: Die Lektüre etwa von Ibn Wahshiyyas »Der nabatäische Ackerbau« ließ ihn die polytheistische Kultur der Sabier (wieder-)entdecken – auch wenn sich Maimonides bei der historischen Einordnung der Sabier deutlich irrte und ihre kulturelle Bedeutung erheblich überschätzte. Die Annahme also des kontingenten Verbots des *Sha'atnez* als Teil der »List Gottes« (More 3, 32 f.) und damit seine Kontextualisierung als Maßnahme gegen die angeblich polytheistischen Praktiken der Sabier ermöglichte es Maimonides, Einblicke in die Geschichte dieses Volkes zu erhalten. So veranlasste ihn die Erklärung dieses Verbots zu einer Rekonstruktion seines Entstehungskontextes, die nahelegte, dass das Tragen von Mischgeweben bei den sabischen Priestern allgemein üblich gewesen sei (More 3, 37). Diese Deutung der Kontingenz nicht rationaler Gebote vor dem Hintergrund ihrer monotheisierenden Aufgabe bei Maimonides – »Du weißt aus zahlreichen Texten der Tora, dass das wichtigste Ziel des Gesetzes als Ganzes die Überwindung der Götzenanbetung ist« (More 3,

29) – erzählte damit gleichzeitig die Geschichte der Kultur der Sabier. Wesentlich ist dabei, dass von dieser Kultur als einer untergegangenen erzählt wird. So ermöglicht Maimonides' Umgang mit der Kontingenz des Gesetzes nicht nur geschichtliche Einblicke, sondern erzählt gerade auch von der sich (monotheistisch) *entwickelnden* Geschichte.

Diese scheinbare Vorwegnahme eines historischen Bewusstseins musste Goldziher bei seinen Überlegungen zum Entwicklungsdenken das enorme Potenzial von Maimonides' Gottesbegriff vor Augen geführt haben. Dass er das historische Denken der Moderne bereits dort angelegt sehen konnte, war für ihn nicht nur ein entscheidendes Argument für die Übereinstimmung des Wahrheitsbegriffs von Wissenschaft und Monotheismus, sondern auch dafür, dass die Dynamik des Monotheismus der Entwicklung der Wissenschaft vorauseilt. Am Ende der dritten Vorlesung sagte Goldziher über die Freiheit des rabbinischen Geistes im Hinblick auf die nächste Epoche der mittelalterlichen arabisch-jüdischen Wissenschaft: »Doch die jüdische, religiöse Wissenschaft wartete nicht auf die Entzündung der Fackel der neuzeitlichen Wissenschaft, um in die Fußstapfen des Geistes des antiken Rabbinismus zu treten.« (WuE, 89) Goldzihers Entdeckung der protowissenschaftlichen Dynamik des Monotheismus also ließ ihn die Deutung von Maimonides' Ehrentitel »Großer Adler« im Sinne der Vorwegnahme des historischen Denkens – einschließlich der Erkenntnis von der Epochengebundenheit der Wahrheit – als gerechtfertigt erscheinen. Während Heinrich Graetz und Salo Baron mehr die handwerklichen Fehler Maimonides' bei der Bestimmung des historischen Kontextes des Mosaischen Gesetzes hervorhoben, erkennt und isoliert Goldziher vor allem den methodischen Aspekt in dessen Argumentation. Sind die kontingenten Details der Gebote das Resultat von Akkommodationen an die Geschichte, dann können sie rückblickend genutzt werden, um Einsichten in ihre Entstehungskontexte zu erlangen. Der methodische Gebrauch von Maimonides' Deutungsmodell des Kontingenten ist, wie im nächsten Kapitel gezeigt wird, der Kern von Goldzihers Methode der Historisierung, der Rekonstruktion historischer Kontexte aus dem Verweisungscharakter seiner kontingenten Spuren. Während die ontologische Verhaftung des Denkens bei Maimonides zur Folge hatte, dass ihm die Tragweite seiner Entdeckung wohl nicht voll bewusst werden konnte, bewahrheitet sich in Goldzihers Maimonides-Lektüre das Potenzial der maimonidischen Bearbeitung des Problems der Kontingenz – über dessen Grundgedanken der abgestuften Notwendigkeit Julius Guttmann unabhängig von Goldziher einmal feststellte:

> »[E]s ist von eigenartigem Reiz, wie ihn [Maimonides] in der Exponierung desselben [Problems der Kontingenz] die innere Logik der Fragestellung gleichsam ohne sein Wissen über die Grenzen der eigenen Position hinausführt.«

Ja, die methodische Nötigung der maimonidischen Deutung der Kontingenz, wie sie sich in der historischen Methode Goldzihers manifestiert hat, weist sogar noch über Goldzihers Epoche hinaus. Als eine Form dekonstruierender Geschichtsschreibung verneint diese Methode jegliche auf den Begriff gebrachte Einheit der Geschichte – wohlgemerkt einer Geschichte, der eine (allerdings der List Gottes überlassene) zielgerichtete Entwicklung zugesprochen wird.

Wenn nun die Frage zu beantworten ist, was Goldziher zufolge die vierte, religionswissenschaftliche Epoche dem formalen Höhepunkt der Entwicklung des Judentums in der dritten Epoche, der mittelalterlichen Philosophie, noch hinzuzufügen hat, dann muss folgende Zäsur nachdrücklich betont werden: Durch die Auslegung des poetischen Ehrentitels »Großer Adler« für Maimonides wurde oben die Quelle für Goldzihers entwicklungsgeschichtliches Denken im Werk des Maimonides wahrscheinlich gemacht; dies darf aber keinesfalls so aufgefasst werden, als habe Goldziher das moderne Epochen- und Entwicklungsdenken selber im Werk des Maimonides verankern wollen. Dies widerspräche seinem oben analysierten Entwicklungsbegriff, wonach keine Idee ihren Epochenhorizont überwinden kann – es sei denn quasi-evolutiv über den »Kampfplatz des Lebens«. Goldziher ging es um den Nachweis der *eigenständigen* Vorwegnahme des Konzeptes der Entwicklungsgeschichte in der jüdischen Philosophie des Mittelalters. So vermied er eine Zuschreibung des Entwicklungsgedankens an Maimonides, wie sie später Chaim Neuburger in seiner Dissertation *Das Wesen des Gesetzes in der Philosophie des Maimonides* (1933) vornahm: Maimonides habe »für eine Gruppe der zur Bekämpfung des Götzendienstes dienenden Gesetze den Entwicklungsgedanken, wenn auch im Sinne eines von Gott aus pädagogischen Gründen bezweckten allmählichen Übergangs«, bereits anerkannt. Die Aufgabe, die sich Goldziher für die vierte Epoche der Entwicklung des Judentums stellt, könnte daher wie folgt beschrieben werden: Einerseits erfordert seine – im Besonderen durch Maimonides gewachsene – Überzeugung von der protowissenschaftlichen Dynamik des

Monotheismus den Nachweis, dass diese Dynamik notwendig in die (Religions-)Wissenschaft der Moderne mündet; andererseits darf dieser Nachweis nur auf quasievolutiven Prozessen der kulturellen Entwicklung des Judentums beruhen und nicht auf (epochengebundenen) Ideen. Insofern er dieses Anliegen innerhalb der Disziplin der modernen Religionswissenschaft ansiedelt, ist folglich der Anspruch letzterer weit umfassender, als ihr Name vermuten lässt.

Worauf zielte Goldziher aber, wenn es ihm nicht um die apologetische These der Vorwegnahme des Entwicklungsdenkens durch die mittelalterliche jüdische Philosophie ging? Er suchte nicht nur einen jüdischen Entwicklungsbegriff, der fähig war an die Moderne anzuschließen, sondern er übte auch fundamentale Kritik am Entwicklungsbegriff der modernen (Geschichts-)Wissenschaft. Wie Karl Löwith und Reinhart Koselleck gezeigt haben, ist dem modernen Geschichtsbegriff – seit er sich ab 1800 als »Kollektivsingular« (Koselleck) manifestierte – eine geschichtsphilosophische Komponente inhärent. Dies bedeutet, dass er nicht nur erzähltes Ereignis, sondern auch dessen Deutung zu sein beansprucht – und zwar am Maßstab überwunden geglaubter ontotheologischer Konzepte. Einerseits war durch die moderne Entlassung Gottes aus der Geschichte deren Kohärenz und Richtung unklar geworden, andererseits kam aber die zur Wiederherstellung von Kohärenz und Richtung eingesetzte entwicklungsgeschichtliche Methode etwa im Fortschrittsdenken nicht ohne einen Rückgriff auf heilsgeschichtliche Kategorien aus. Goldzihers Konsequenz aus diesem Dilemma ist radikal. Seine Methode ist – hierin liegt die wichtigste Innovation – die konsequente Weigerung, Geschichte durch ein notwendig epochengebundenes Konzept wie den theoretisch aufgeladenen Entwicklungsbegriff der modernen Geschichtswissenschaft zu bearbeiten. Jede entwicklungsgeschichtliche Methode unterliege der Gefahr, die Ideen ihrer Epoche als Entwicklungsgesetz der gesamten Geschichte festzuschreiben. So seien etwa die Ideen der mittelalterlichen Epoche nur die Antworten auf die Probleme *ihrer* Epoche: »Denn das wissenschaftliche Leben der Gegenwart besitzt nicht nur andere Probleme als im X.–XIV. Jahrhundert, sondern verfügt auch über eine andere Methode als diejenige, die der mittelalterlichen Scholastik eigen gewesen sein mag.« (WuE, 107) Das von Goldziher im maimonidischen Denken entdeckte Modell kontextueller Entwicklungsanalyse hat die Eigenschaft weitgehender Theoriefreiheit. Dabei soll gerade die von Goldziher nachgewiesene – gegenüber allen (theoretischen) Götzen kritische – monotheistische Dynamik der Geschichte Garant der von seiner Methode angestrebten Theoriefreiheit oder der Objektivierung des Geschichtszugangs sein.

Goldziher beabsichtigt also, für die Epoche der Religionswissenschaft die – epochenspezifische Paradigmen betreffende – Diskontinuität zwischen der mittelalterlich-jüdischen und der neuzeitlichen Wissenschaft herauszustellen. Gleichzeitig muss er eine durch den monotheistischen Gottesbegriff garantierte *performative* Kontinuität und damit die Anwendbarkeit seines epochenungebundenen, entwicklungsgeschichtlichen Erklärungsmodells nachweisen. Dies soll an zwei Beispielen veranschaulicht werden. Das erste zeigt, dass Goldziher den Begriff der mittelalterlichen Akkommodation gleichzeitig als (epochengebundenes) Konzept und als (epochenübergreifende) Tätigkeit benutzt. Eine auf Tätigkeit beruhende entwicklungsgeschichtliche Methode muss zeitungebunden gültig sein. Das zweite Beispiel veranschaulicht sein Interesse, zwei von der modernen Religionswissenschaft in der biblischen Epoche verortete monotheistische Konzept auch in ihrer (epochenungebundenen) performativen Wirksamkeit bis in die Wissenschaft der Gegenwart hinein zu verfolgen. Mit Bezug auf das erste Beispiel betont Goldziher zunächst zu Beginn seiner Vorlesung über die vierte Epoche der Entwicklung des Judentums,

»dass unsere Zeit über eine andere auf die Daten, Fakten und Dokumente der religiösen Entwicklung angewandte wissenschaftliche Methode verfügt als die von den mittelalterlichen Philosophen gewöhnlich gehandhabte Methode. Deren Methode ist nämlich die *Akkommodation*, die Anpassung, die Methode unserer Zeit basiert auf der Grundlage der historischen, der entwicklungsgeschichtlichen Betrachtungsweise.«

Die erwähnte Akkommodation erklärt er wie folgt:

»Als die mittelalterlichen Philosophen jenes große, religiöse Werk vollbrachten, die philosophischen Überzeugungen ihrer Zeit für das religiöse Denken und Wissen aufzuarbeiten, gingen sie ohne jeden Zweifel von der selbstverständlichen Möglichkeit aus, dass die Gedanken und Theorien der peripatetischen Philosophie oder eines anderen philosophischen Systems, zu dem sie sich bekannten, dass ihre metaphysischen oder naturwissenschaftlichen Wahrheiten in der Bibel selbst aufzufinden seien. Sie haben versucht, die Übereinstimmung oder die nicht unvereinbare Natur von Philosophie und Religion dadurch aufzuzeigen, dass bereits die Äußerungen der Bibel von diesen Theorien ausgegangen seien und die Anerkennung ihrer Wahrheit vorausgesetzt hätten.« (WuE, 108)

Der Leser wird feststellen, dass die hier beschriebene exegetische Akkommodation – im Unterschied zur oben im Zusammenhang mit Maimonides' Begründung der nicht rationalen Gebote erörterten – als die Anpassung der Schrift an die Philosophie keineswegs eine historisierende Interpretation zur Folge hat. Während die historische Akkommodation, wie gezeigt wurde, eine Form der modernen entwicklungsgeschichtlichen Methode in sich bergen kann, hat die hier beschriebene exegetische Akkommodation den gegenteiligen Effekt. Sie geht anachronistisch davon aus, dass die biblischen Autoren im Horizont der mittelalterlichen Wissenschaft ihre Bücher geschrieben und diese lediglich aus didaktischen Gründen allgemeinverständlich »in der Sprache der Menschen« abgefasst haben. Es gilt somit, die hier von Goldziher beschriebene exegetische Akkommodation von der oben analysierten historischen Akkommodation streng zu unterscheiden. Dass die jeweiligen Effekte gegenteilig sind, schließt aber nicht aus, dass beide Methoden formal geradezu identisch sind. In beiden Fällen wird Text als »Reflex« eines von diesem unterschiedenen Horizonts interpretiert, sodass beide Formen der Akkommodation Techniken der kontextuellen Interpretation sind: Die exegetische Akkommodation interpretiert die Schrift im Horizont der mittelalterlichen Wissenschaft, die historische Akkommodation interpretiert die Texte im Horizont der Epoche ihres Entstehens. Die Tatsache, dass Goldziher ausgerechnet zu Beginn seiner Darstellung des modernen Judentums die exegetische Akkommodation als die mittelalterliche Methode wissenschaftlicher Textauslegung über vier Seiten hin mit vielen Beispielen vorführt, belegt sein auch für die Moderne geltendes Interesse daran. Dieses Interesse gilt der *formalen* Analogie der mittelalterlichen mit der modernen, kontextbezogenen entwicklungsgeschichtlichen Methode. Es scheint, als thematisiere Goldziher die exegetische Akkommodation wiederholt am »falschen« Ort, nur um auf diesen Zusammenhang anzuspielen:

»Diese [die exegetische Akkommodation] ist, wie bereits erwähnt, nicht die exegetische Methode der zeitgenössischen religiösen Wissenschaft. Sie beruht vielmehr auf dem Prinzip der Entwicklungsgeschichte und erklärt in den Dokumenten unserer Religion den literarischen Ausdruck jeder Epoche aus dem Geist derjenigen Epoche, in der er geschaffen wurde.« (WuE, 109)

Dass die historische Akkommodation so, wie sie im vorigen Kapitel entfaltet wurde, in ihrer performativen Dynamik gerade nicht epochengebunden ist, muss hier nicht wiederholt werden. So geschieht es, dass Goldziher gleichzeitig Maimonides explizit als herausragenden Vertreter der exegetischen Akkommodation ansprechen und ihn doch implizit als Entdecker der performativen Kontinuität zwischen der exegetischen Akkommodation des Mittelalters und dem entwicklungsgeschichtlichen Denken der Moderne feiern kann.

Interessant ist, dass die Tradition der Akkommodation zwar viel älter ist als das Werk des Maimonides, dass aber dennoch Maimonides' und Goldzihers Anwendung der historischen Akkommodation eine seltene Sonderstellung einnimmt.

Funkenstein, der sich intensiv mit der Transformation theologischer Geschichtsvorstellungen in den modernen Geschichtsbegriff durch die Methode der Akkommodation beschäftigt hat, zeigte, dass erstmals christliche Theologen wie Irenäus und Tertullian von der Vorstellung einer allmählichen Realisierung des göttlichen Plans mithilfe der Geschichte Gebrauch machten. Durch die Annahme einer allmählichen *(lex humani generis)*, der Mittelmäßigkeit des Menschen *(mediocritas humana)* angepassten Implementierung des göttlichen Heilsplans entstand prinzipiell Raum für die Vorstellung eines historisch-schrittweisen, quasiautonomen menschlichen Fortschritts. Tatsächlich schränkten aber die der Schrift entnommenen universalgeschichtlichen Epochengliederungen diesen Raum wieder deutlich ein (Beispiel: »vor dem Gesetz«, »unter dem Gesetz« und »unter der Gnade«). Vor allem das 12. Jahrhundert hat sich mit zahlreichen Varianten zur Akkommodation des göttlichen an den menschlichen Bereich – mittels symbolisch-organologischer oder rational-politischer Metaphern – hervorgetan. Wenn auch das Konzept der Akkommodation dem Individuum grundsätzlich mehr Entscheidungsbefugnisse einräumt – Funkenstein nennt Dante das vielleicht früheste Beispiel einer säkularen Theologie –, so bestimmte die Darstellung historischer Fakten im Rahmen von vorgegebenen Epochenmetaphern eine kaum verhüllte Intentionalität. Mit anderen Worten: Derartige Geschichtsdarstellungen waren stärker durch pädagogische als durch historische Interessen bestimmt. Noch das Beispiel Lessings zeigt die Wirkmächtigkeit der Verbindung von göttlicher Akkommodation und erzieherischer Absicht. Der berühmteste geschichtsphilosophische Text der Neuzeit, *Die Erziehung des Menschengeschlechts,* benutzt die beliebte organologische Metapher der Menschheitsalter nur, um die Religionen zu beerben. Über »gewisse Schwärmer« des 13. und 14. Jahrhunderts heißt es dort:

»Vielleicht war ihr *dreifaches Alter der Welt* keine so leere Grille; und gewiß hatten sie keine schlimme Absichten, wenn sie lehrten, daß der Neue Bund eben so wohl antiquiert werden müsse, als es der Alte geworden. Es blieb auch bei ihnen immer die nämliche Ökonomie des nämlichen Gottes. Immer – sie meine Sprache sprechen zu lassen – der nämliche Plan der allgemeinen Erziehung des Menschengeschlechts.«

Unter Berufung auf Maimonides wandte als Erster der englische Theologe John Spencer (1630–1693) die historische Akkommodation extensiv an. In seinem Werk *De legibus Hebraeorum ritualibus et eorum rationibus* sprach er ihr unter ausdrücklichem Verweis auf den »magnus Maimonides« einen zentralen Platz zu. Der leitende Gedanke seiner Darstellung war die Idee, »dass grosse Teile des biblischen Ceremonial- u. Kultgesetzes nur als Abwehrmassnahme gegen die heidnische Umgebung Israels zu verstehen seien«. Spencer benutzte diesen Gedanken wie später Goldziher, um ihn für den historischen Erkenntnisgewinn zur Zeit der biblischen Gesetzgebung heranzuziehen. Durch die konsequente Auswertung der ihm zur Verfügung stehenden – seit Maimonides um vieles angewachsenen – Quellen gilt Spencer als Vorreiter der vergleichenden Religionswissenschaft. Die sabischen Schriften selbst hat er, über Maimonides hinausweisend, »im Geiste historischer Kritik« behandelt und als ein Agglomerat von chaldäischen, jüdischen, gnostischen und platonischen Elementen klassifiziert. Während Maimonides aber einen überzeitlichen Sinn in den Gesetzen findet und nur dort, »wo diese Erklärung versagt, eine Rücksichtnahme auf heidnische Bräuche vermutet, bemüht sich Spencer möglichst das ganze jüdische Ritualgesetz auf diese Weise zu erklären u. es so als nur zeitgeschichtlich bedingt darzutun«. In diesem Interessenskonflikt manifestiert sich die »grundsätzliche Schwierigkeit, die beiden von ihm in gleicher Ausdehnung angewandten Erklärungsprinzipien, der Abwehr des Heidentums u. der Akkommodation an heidnischen Brauch gegen einander abzugrenzen«. Spencers Gebrauch der historischen Akkommodation schwankt daher widersprüchlich zwischen ihrem Einsatz als kontextualisierende Methode und als Strategie, das jüdische Gesetz als heidnisch geprägt darzustellen.

Sogar ein Beispiel der Historisierung durch die exegetische Akkommodation lässt sich benennen. Wie Funkenstein andernorts gezeigt hat, gelang es dem jüdischen Philosophen Salomon Maimon, das an sich ahistorische Verfahren der exegetischen Akkommodation dadurch zu historisieren, dass er es auf Maimonides' Textauslegung selbst anwandte. Um dessen Überzeugung von der Andersartigkeit der kosmischen (fünftes Element) im Vergleich zur irdischen Materie mit dem zeitgenössischen Kenntnisstand in Einklang zu bringen, dachte Maimon an »eine Instandsetzung der philosophischen Allegorese gemäß den wissenschaftlichen Erkenntnissen seiner Zeit«. Maimonides' philosophische Allegorese der Schrift deutete er so, als ob sie »selbst erst eine dem oberflächlichen, dem gemeinen Menschenverstand angepaßte Meinung« wiedergebe und nochmals durch die exegetische Akkommodation ausgelegt werden müsse – um den Preis, dass Maimon seinem Namensvetter anachronistisch Kenntnisse der Astronomie des 18. Jahrhunderts unterstellte. Allerdings bestätigt Maimons Verfahren die These Goldzihers von der formalen Übereinstimmung von exegetischer und historischer Akkommodation. Vor dem Hintergrund dieses historischen Abrisses zur Akkommodation zeigt sich nun die Sonderstellung Goldzihers, der es bewusst vermied, den historischen Ereignissen (willkürlich festgelegte) Epocheneigenschaften zu oktroyieren. Gegen genau diese – vom Menschen inszenierte – Vergöttlichung des Geschichtsverlaufs wendet sich Goldzihers Entwicklungskonzept (des Judentums).

Er hält sich konsequent an Maimonides und dessen Modell der historischen Akkommodation im Sinne des Rückschlusses von der Gestalt kontingenter Fakten auf die Epoche als eines lediglich von innen heraus erfolgenden Bezugs auf den Epochenbegriff – nicht umgekehrt. Unter den von Funkenstein in *Theology and the Scientific Imagination* analysierten Denkern der historischen Akkommodation kommt vielleicht der italienische Geschichtsphilosoph Giambattista Vico (1668–1744) Goldziher am nächsten. Sein Epochenkonzept besteht nach Funkenstein aus der Forderung wie auch dem ernsthaften Versuch, die historische Periodisierung von innen heraus, durch innere, integrierende Prinzipien vorzunehmen, nicht wie bisher durch bloße Gegenüberstellung älterer und jüngerer Abschnitte der Geschichte. Vico zufolge bilden alle menschlichen Angelegenheiten einer bestimmten Periode ein harmonisches Ganzes, den Epochenkontext im Sinn eines Common Sense, an den sich alle Ereignisse akkommodiert haben. Der – wenn auch nur asymptotische – Nachweis dieses Common Sense in allen Fakten einer Epoche sei alleiniger Maßstab der korrekten Geschichtsschreibung. Von einem entsprechenden Eintrag für Vicos *Principj d'una scienza nuova* im Bücherverzeichnis von Goldzihers Bibliothek kann aber nicht berichtet werden.

Wir kommen zum zweiten Beispiel von Goldzihers Konzept der Diskontinuität der Paradigmen bei gleichzeitiger performativer Kontinuität zwischen den Epochen. Goldziher war von der protowissenschaftlichen Dynamik des Monotheismus überzeugt und versuchte in allen durch die entwicklungsgeschichtliche Methode der modernen Religionswissenschaft erzielten Erkenntnissen Bezüge zu ihr herzustellen. Viel Raum nimmt in dieser Hinsicht Goldzihers Behandlung des Konzepts der Chesed ein. Die moderne Religionswissenschaft hatte dieses Konzept als charakteristisch für die Epoche der Prophetie erkannt, und Goldziher zitiert zunächst einen ihrer Begründer anerkennend: »Es ist das Verdienst von Robertson Smith, die große Bedeutung dieses Wortes in der Erscheinungsform der prophetischen Religion scharf hervorgehoben zu haben.« (WuE, 53) Chesed bezeichnet nach Goldzihers Prophetismusvorlesung eine Liebesbeziehung sowohl zwischen Gott und Mensch als auch zwischen Mensch und Mensch: »Die Quelle der *chesed* ist jene endlose Liebe, die Gott Israel erweist, aber die *chesed* erfüllt die ganze Welt (Psalm 119,64).« (WuE, 53) Goldziher beeilt sich jedoch zu erläutern, dass diese Liebe »nicht ein bloßes Aufflammen des Gefühls« sei, sondern als ständige Eigenschaft »den Charakter jeder Äußerung der Seele bestimmt«. Mehr noch, der »Haupt- und Grundcharakter« der Chesed bestehe »gerade darin, ein notwendiger, gesetzmäßiger Bestandteil des moralischen Lebens zu sein« (WuE, 54). Durch die Begriffe »Notwendigkeit« und »Gesetz« weist Goldziher ihr unmissverständlich einen Platz im Kontext seines – auf Performativität und Kontingenz beruhenden – wissenschaftlichen Wahrheitsbegriffs zu: »Die Vollkommenheit der Ausübung von Wahrheit und Recht gewinnt gerade durch diejenige Gemütsverfassung ihren Wert, welche man *chesed* nennt, Liebe, Barmherzigkeit, Gnade, die oft mit der Erkenntnis Gottes gleichgesetzt wird.« (WuE, 54) Das, was er im Kapitel über das Verhältnis von Religion und Wissenschaft als »Modalität« am Ganzen bezeichnete, lässt sich hiermit präzisieren: Sie ist die von seinem Gottesbegriff geforderte Akkommodation des von Chesed erfüllten Gemüts an die wissenschaftliche Wahrheit, denn Erkenntnis der Wahrheit ist wie oben dargestellt – für Maimonides wie für Goldziher – kein Homonym, das in der Religion eine andere Bedeutung als in der Wissenschaft hätte. Goldziher stellte das der biblischen Epoche angehörende Konzept der Chesed in ein notwendig performatives Verhältnis zur wissenschaftlichen Erkenntnis und verlieh ihm so zeitungebundene Gültigkeit. Diese epochenübergreifende, auf die Wissenschaft bezogene Intention der Chesed, die »auch nach den Propheten« nicht aufgehört habe, »jene Bedeutung in der religiösen Lehre des Judentums zu besitzen« (WuE, 55), wird durch folgende Konstellation unabweisbar: Goldziher nennt die Chesed fast immer zusammen mit einem weiteren biblischen beziehungsweise rabbinischen Konzept, der Keduscha (Heiligung des Lebens). Das Verdienst der Propheten sei gewesen, dass es ihnen um »den Ausdruck der Moral nicht nur im Individuum, sondern *im ganzen* Volk« als der »einzigen und unendlichen Quelle der *chesed* und *kedusha*« gegangen sei (WuE, 60). Goldziher erläutert das Konzept der Keduscha im Zusammenhang mit der bekannten Tatsache, dass die Rabbinen nach der Tempelzerstörung im Jahr 70 das ganze Volk zum Träger des Gottesdienstes gemacht hatten:

»Jede Tat und Nicht-Tat, […] die dem jüdischen Menschen vom Gesetz auferlegt ist, wird zum Symbol der Heiligung des Lebens, deren zentrale Verkörperung der Tempel selbst mit seinem Priesterdienst ist. Dabei wird allerdings das ganze Volk – so wie sich auch der Begriff der Heiligkeit auf das ganze Volk erstreckt – zum ›Königreich von Priestern und einem heiligen Volk‹ (Exodus 19,6) geweiht.« (WuE, 74)

Es fällt auf, dass er der Erläuterung der Keduscha deutlich weniger Raum widmet als der Chesed. Dies ist umso erstaunlicher, als das Konzept der Keduscha im Denken des Maimonides von zentraler Bedeutung ist. Ein Grund für Goldzihers Zurückhaltung könnte gewesen sein, dass Maimonides die Keduscha als eine individuell zu erwerbende Eigenschaft erachtet und nicht dem Volk als Ganzes zugeschrieben hat. Gleichwohl muss Maimonides' Deutung der Keduscha hier erwähnt werden, weil sie die von der Chesed wahrgenommene performative Aufgabe für die Wahrheitsfindung sogar noch reiner verkörpert. Maimonides hat der Bedeutung der rabbinischen Keduscha eine spezifische Nuance hinzugefügt, indem er sie auf das aristotelische Konzept der Imitatio Dei bezogen hat. Hierdurch machte er – im Unterschied zu Aristoteles – die (Gottes-)Erkenntnis auch zum Resultat gehorsamen Handelns, der Keduscha. In diesem Sinn hat Maimonides das berühmte »Liebe Ihn, Deinen Gott, mit ganzem Herzen, mit all deiner Seele, mit ganzem Gemüte« aus Deuteronomium 6,5 ausgelegt (More 1, 39) – wobei es seiner Ansicht nach nur die für die Gotteserkenntnis vorauszusetzenden Aktivitäten der Seele sind, welche der Mensch von der göttlichen Essenz imitieren kann (More 3, 54). Diese – durch den monotheistisch-prophetischen Gottesbegriff garantierte – auf Performativität der Seele beruhende »Erkenntniskritik« sieht Goldziher als Vorwegnahme des modernen, kritischen Wissenschaftsbegriffs. Aus diesem Grund musste er es als eine Bestätigung seines Wissenschaftsbegriffs auffassen, wenn schließlich auch die moderne Religionswissenschaft die Zentralität der Chesed und Keduscha für den durch die Propheten angestoßenen Denkmodus anerkannte.

Goldzihers Methode der Historisierung ist eine Gratwanderung, deren Kühnheit bei manchem Leser den Eindruck einer Vermischung von Religion und Wissenschaft hinterlassen hat. Für Goldziher »verarbeitet die Religion alles, was den Inhalt der menschlichen Seele ausmacht«, aber sie »will weder eine Störung in unserem Gewissen verursachen, noch Widersprüche in unserem Gemüt. Sie will innere Gewissheit und Glück bringende Harmonie schaffen.« (WuE, 112) Wie zuletzt Goldzihers Ausführungen zur Chesed und Keduscha gezeigt haben, meint diese Harmonie lediglich die performative Begegnung von Religion und Wissenschaft im Handlungskontext der Seele, keineswegs eine Spiritualisierung der Wissenschaft. Dies kann die Tatsache bestätigen, dass in den beiden wichtigsten Prinzipien von Goldzihers wissenschaftlicher Methode die Religion keinerlei inhaltliche Rolle spielt: An erster Stelle kennzeichnet diese Methode die Suche nach den sich zwischen einer siegreichen und einer unterlegenen Idee entfaltenden kulturellen Reibungen. Dieser Zugang über den Handlungskontext ermöglicht es Goldziher, »hinter« die sichtbare oder siegreiche Geschichte zu blicken. Denn Goldzihers Methode sucht nach den geschichtlichen Spuren, die die überwundene Spezies in der siegenden hinterlassen hat, um davon ausgehend die der siegreichen Geschichte vorausliegenden, aber verschütteten (dramatischen) Ereignisse wieder sichtbar zu machen. Dies ermöglicht ihm, Geschichte in erstaunlicher Unabhängigkeit von den Interessen ihrer späteren Interpreten zu schreiben. Zum erfolgreichen Kampf der hebräischen Propheten gegen die Baalspriester etwa bemerkt Goldziher:

»Doch das Gebiet der Gesetzmäßigkeiten endet auch an diesem Punkt noch nicht. Denn die Beziehung, in die das neue Produkt zu den zerstörten Vorläufern tritt, verursacht erneut unvermeidliche Erscheinungen, deren Entdeckung für uns die attraktivsten Probleme in der Geschichte jeglicher Religion bereit hält.« (WuE, 39 f.)

Ein weiterer, aus dem ersten abgeleiteter Grundsatz von Goldzihers Methode der Historisierung ist, die kulturellen Phänomene, etwa eine Religion, nie in ihrer ideellen Ganzheit zu untersuchen, sondern stets als Faktor innerhalb ihrer Epoche. Dies ist auch die Grundlage für Goldzihers epochenorientierten Ansatz der vergleichenden Religionswissenschaft, denn

»die Religionen der Völker weisen in den verschiedenen Epochen ihrer Entwicklung unterschiedliche Stufen der Perfektion auf. Es wäre aus wissenschaftlicher Sicht ein Irrtum, sogar schier unmöglich, zum Beispiel von der *griechischen* Religion als einer in sich einheitlichen, religionsgeschichtlichen Individualität zu sprechen. Die Religionsanschauung von Homer unterscheidet sich von der des Pindar, Hesiod und den Tragikern, ganz zu schweigen von der des Platon oder Aristoteles, wie auch an sich diese Stufen untereinander riesige Unterschiede aufweisen. So verhält es sich bei jedem Volk. Wie sollte man nun die unterschiedlichen Entwicklungsmomente einer in verschiedenen Epochen je nach dem Fortschritt des religiösen Denkens und des moralischen Empfindens entwickelten Weltanschauung auf einen Nenner bringen können?« (WuE, 37 f.)

Die Suche nach einem solchen Nenner müsste immer ideen- und damit zeitgeschichtlich geprägt sein und würde Goldzihers Methode des Rückschlusses von den kontingenten Fakten auf die Epoche außer Kraft setzen. Allerdings ist zu berücksichtigen, dass Goldziher die kulturellen Reibungen immer auch aus der Perspektive seines – im halachischen Kontext entwickelten – Konzeptes der historischen Akkommodation bewertet hat. Man darf vielleicht sagen, dass kaum ein Forscher auf die Objektivität seiner Maßstäbe so großen Wert gelegt hat wie Goldziher, dass er aber über die *Bewertung* seiner wissenschaftlichen Entdeckungen – in erster Linie für sich selbst – religiöse Interessen befriedigt hat. Eine – hier nicht leistbare – Untersuchung der gesamten religionswissenschaftlichen Forschung Goldzihers würde über die Gewichtung beider Interessen Klarheit schaffen.

Die Kulturgeschichte des Islam – Nachweis der universalen Gültigkeit des monotheistischen Entwicklungsbegriffs

Die (Wieder-)Entdeckung des Konzeptes evolutiver Traditionsbildung im Islam

Goldzihers Methode der Historisierung des Judentums liegt offen zutage: Er wendet die von Maimonides entdeckte historisierende Deutungsweise des interkulturellen Verhältnisses zwischen den Sabiern und den Hebräern auf alle Epochen des Judentums an, wodurch er die Entwicklung des Judentums als einen nicht ideengeleiteten, einen quasievolutiven Prozess historisieren kann. Keine individuelle Theorie also, sondern allein das religiöse Leben der Gemeinden in seiner ganzen Breite kann demnach das Wesen oder die Grundwahrheiten des Judentums konstituieren, und zwar nicht ein für alle Mal, sondern in jeder Epoche neu durch seine ständige Konfrontation mit den Ideen der angrenzenden, nichtjüdischen Kulturen. Wie Goldziher nachdrücklich betonte, werden die »Ideen und Faktoren des religiösen Lebens des Judentums durch *die Gemeinschaft*« entwickelt und erlebt, wie auch die Lehre nur durch »die ganze jüdische Gemeinde« vertreten wird (WuE, 124). Doch warum – und diese Frage drängt sich auf – hat Goldziher diese so emphatisch vorgetragene, in seiner Zeit höchst originelle antiindividualistische These zur Entwicklung des Judentums und damit die »wissenschaftliche Entfaltung des jüdischen Gemeinschaftsempfindens« (WuE, 35) nicht zum Hauptgegenstand seiner Forschung gemacht, sondern deren überwiegenden Teil dem Islam gewidmet? Die Frage ist auch deshalb berechtigt, weil Goldziher gerade an der Wissenschaft des Judentums ihre Tendenz der Absonderung vom jüdischen Gemeinschaftsleben kritisiert hatte – eine Tendenz, die für ihn häretischen Charakter trug. Er bezeichnete

> »unser Verhältnis zu den religiösen Kenntnissen als Rückfall auf den Standpunkt der alten Ägypter [...] mit ihrer streng abgesonderten Priesterkaste und priesterlichen Mysterien usw. Wenn wir weiterhin in diesem Zustand leben, werden darunter unser religiöses gemeinschaftliches Gemüt und zugleich aber auch die vom bewegten Leben isolierte religiöse Wissenschaft leiden.« (WuE, 126)

Umso intensiver hätte Goldziher doch seine Forschung dem jüdischen Gegenstand widmen müssen, zumal er sich in seine Kritik an der religiösen Wissenschaft mit einzuschließen scheint. Diese Frage wäre allerdings weitgehend gegenstandslos, wenn seine Islamforschung nicht auch im Horizont seines Projektes der »wissenschaftlichen Entfaltung des jüdischen Gemeinschaftsempfindens« gestanden hätte.

Dafür, dass Goldzihers Islamforschung ebenfalls im Horizont dieses Projektes gestanden hat, ließe sich sowohl ein formaler als auch ein inhaltlicher Grund angeben: In keiner Sprache ist die thematische Spannweite seiner Publikationen größer als in der ungarischen: manches zum Judentum, sehr viel zum Islam, zur Mythoswissenschaft, Religionswissenschaft, Ethnologie, Orientalistik und Sprachwissenschaft. Formal könnte diese wissenschaftliche Vergegenwärtigung anderer Kulturen durchaus im Rahmen seiner Überzeugung der Entwicklung seiner Kultur – einschließlich der jüdischen Gemeinschaft – durch interkulturelle Reibung aufgefasst werden. Darüber hinaus lässt sich auch ein inhaltlicher Grund für sein Interesse am Islam im Rahmen seines Projektes der »wissenschaftlichen Entfaltung des jüdischen Gemeinschaftsempfindens« erkennen. Für das in diesem Projekt zentrale Verhältnis zwischen Wissenschaft und Tradition bot die mittelalterliche muslimische Gemeinschaft ein herausragendes Beispiel, das Goldziher als Referenz oder Prüfstein seiner Anschauungen nicht ignorieren konnte.

Es liegt sogar der Verdacht nahe, dass Goldziher, wenn er in seinen Vorlesungen – dabei durchaus idealisierend – die Beteiligung der gesamten jüdischen Gemeinschaft an der Traditionsbildung hervorhob, die Entwicklung des Judentums nach Entwicklungsprinzipien des Islam entworfen hat. Wenn er fordert: »Die ganze jüdische Gemeinde vertritt Gottes Wort, die ganze jüdische Versammlung hütet und entwickelt die Lehre« (WuE, 124), dann entspricht dies vor allem dem Idjmāʿ, einer der vier Institutionen der muslimischen Traditionsbildung. Der Idjmāʿ ist der Konsens der Gemeinde, »d. h. der allgemeine Brauch der Gemeinde, der sich unabhängig von geschriebenem, überliefertem oder erschlossenem Gesetz in grossen Kreisen der Rechtgläubigen übereinstimmend festgesetzt hat«. Das »große Prinzip« des Idjmāʿ sei der »Schlüssel zum Verständnis der islamischen Entwicklung«. In der Tat betrachtet Goldziher die Dynamik der Traditionsbildungen in Islam und Judentum als Analogie. In seiner Schrift *A nyelvtudomány történetéről az araboknál* (Zur Geschichte der Sprachwissenschaft in Arabien) stellt er im vierten Kapitel unter der Überschrift »Die Methode der arabischen Sprachwissenschaft und die Wissenschaft des *fiqh*« fest:

»Die muslimische Welt erachtet nur die unauflösliche Einheit von Tradition, methodologischen Prinzipien (›Wurzeln‹) und Rechtsprechung als wahre Wissenschaft. […] Wenn ein muslimischer Gelehrter ein Forschungsfeld auf ein wissenschaftliches Niveau heben will, muss er auf dieses die Methodologie der Tradition und Rechtswissenschaft anwenden.«

Überraschend im Kontext dieses Buchs verweist Goldziher in der Auslassung auf die Analogie zum Judentum: »Dasselbe Konzept weist die jüdische Art des Denkens auf, welches sich auf derselben Basis entwickelte.« Sowohl im Islam als auch im Judentum erkennt Goldziher eine religionskonforme Wissenschaft, die sich nicht auf ein durch eine »säkulare« Methode erworbenes rationales Wissen beschränkt, sondern die Ableitung ihrer Methode aus den traditionellen Lebensverhältnissen verlangt. Wie oben entfaltet, hat Goldziher in seiner Vorlesung zu *Wesen und Entwicklung des Judentums* exakt diesen Zusammenhang zwischen Wissenschaft, Traditionsbildung und religiösem Gesetz hergestellt. Es scheint angebracht, hier durch einige Beispiele zu illustrieren, dass nach Goldziher die Traditionsbildung im Islam – trotz großer Unterschiede institutioneller, politischer und religiöser Art – auf denselben Gesetzen quasievolutiver Entwicklung beruht, die oben für das Judentum herausgearbeitet wurden.

Es gibt einen Text, in dem Goldziher bereits zwölf Jahre vor *Wesen und Entwicklung des Judentums,* ebenfalls in Vortragsform, die Entwicklungsgesetze des Islam behandelt hat: seine Inauguralrede aus dem Jahr 1876. Zu Beginn dieses Vortrags verweist er zunächst – wie später in *Wesen und Entwicklung des Judentums* – auf die moderne Errungenschaft des Entwicklungsdenkens und dessen Träger in Natur und sozialem Leben. Nur um den absurden Preis einer Leugnung der natürlichen und sozialen Existenz des Islam könne diesem Entwicklung abgesprochen werden, genau das sei jedoch in der Moderne üblich geworden:

»Wie oft mussten wir hören, dass die muslimische Welt, solange sie noch nicht von der europäischen Kultur berührt worden war, ihre Spiritualität nicht entwickelt oder verändert habe, insbesondere aber Theorie und Praxis ihrer Religion? Diese Ansicht wird in einer Zeit aufrechterhalten, in der die Evolution als Prinzip jeglicher organischen Existenz sowohl in der Natur als auch im sozialen Leben anerkannt wird [...].«

Diese Anspielung auf die beiden im 19. Jahrhundert dominierenden Modelle des Entwicklungsdenkens, das hegelsche und das darwinsche, erinnert an deren – oben für das Judentum dargelegte – kreative Verknüpfung durch Goldziher. Das Zitat fährt fort,

»egal ob diese Evolution auf der hegelschen oder der darwinischen Basis sich entwickelnd erachtet wird, entweder durch das Auffinden der Erklärung der Notwendigkeit der Evolution und der Fortschrittstendenz in der Antithese der Objekte und Ideen oder in dem Hinweis auf den Kampf ums Leben als das Evolutionsprinzip und den Grund ihres Fortschritts«.

Ob Goldziher das Entwicklungsgesetz des Islam analog zu dem des Judentums aufgefasst hat, soll anhand seiner 1908 ausgearbeiteten *Vorlesungen über den Islam* (Heidelberg 1910; nachfolgend Vorlesungen) überprüft werden. Er zeigt darin, dass die formale Hierarchie der für die Traditionsbildung im Islam klassischen Institutionen Koran, Sunna (einschließlich Hadith und Fikh), Idjmāʿ und Raʿy stets zugunsten des Konsenses der Gemeinde

(»Gemeinschaftsempfinden«) aufgehoben werden konnte. So habe Mohammed einerseits unmissverständlich die Unterwerfung der Völker durch das Schwert gepredigt. Andererseits geselle sich im frühen Islam unleugbar zu dieser Maxime auch der Geist der Duldung:

»Es läßt sich nicht leugnen, daß die ältesten Forderungen, die gegenüber den unterworfenen Andersgläubigen in dieser ersten Phase islamischer Gesetzesentwicklung an die erobernden Muslime gestellt werden, vom Geiste der Duldung durchdrungen sind.«

Dabei habe sich das »Prinzip der Duldung« keineswegs nur auf die Religion, sondern auch »auf die bürgerliche und ökonomische Behandlung der Andersgläubigen« erstreckt. Goldziher erklärt dies damit, dass die gesetzlichen Bestimmungen des Koran »nicht für die erst durch die Eroberungen herbeigeführten unerwarteten Verhältnisse sorgen konnten«, weil er »mit seiner auf die primitiven Verhältnisse Arabiens beschränkten gelegentlichen Vorsorge den neuen Verhältnissen gar nicht gewachsen war« (Vorlesungen, 39). Entscheidend ist also dabei, dass die Praxis der Gemeinde nicht durch die koranische Maxime der Unterwerfung der Völker vollständig determiniert war, sondern sich ohne Weiteres auch an das Fremde akkommodieren konnte – im Geist der Duldung: »Die Bedrückung der unter islamischem Schutze stehenden Nichtmuslimen (ahl al-ḏimma) wurde von den Gläubigen als sündhafte Ausschreitung beurteilt.« (Ebd., 37 f.) Aber nicht nur für den Koran, sondern auch für den Hadith rekurriert Goldziher in seiner Islam-Vorlesung auf die Akkommodationsfähigkeit beziehungsweise die Fähigkeit, sich unter Umständen auch gegen eigene Überzeugungen das Fremde anzueignen. Daher interessierte

Goldziher der Hadith nicht in erster Linie »in seiner literarisch abgeschlossenen Gestaltung«, sondern in seiner Eigenschaft als Zeuge des Gemeinschaftsempfindens der muslimischen Gemeinde. Goldziher ist fasziniert davon,

»daß sich im Ḥadīth die Bestrebungen der islamischen Gemeinde in treuer Unmittelbarkeit spiegeln, und daß wir in ihm unschätzbare Dokumente besitzen für die über den Koran hinausgehende Gestaltung der religiösen Ziele. Denn nicht nur Gesetz und Brauch, Glaubenslehre und politische Doktrin haben sich in Ḥadīth-Form gehüllt, sondern alles im Islam aus eigener Kraft herausgearbeitete sowie von der Fremde her angeeignete Gut hat sich in diese Form gekleidet. In derselben wurde das Fremde, das Erborgte bis zur Unkenntlichkeit seines Ursprungs für den Islam assimiliert.« (Ebd., 43)

Der Hadith ist für Goldziher die von der – dem Islam selbst sehr bewussten – akkommodierenden Kraft der Gemeinschaft zeugende Form schlechthin, wie er zur Hadith-Formel »Die Meinungsverschiedenheit in meiner Gemeinde ist [ein Zeichen göttlicher] Barmherzigkeit« ausführt:

»Wir besitzen Anzeichen dafür, daß dieser Grundsatz eine Ausgleichung darstellt gegenüber den Angriffen, denen eben die Vielgestaltigkeit und Unentschiedenheit der gesetzlichen Praxis im Islam von Seiten innerer und äußerer Widersacher ausgesetzt war.« (Ebd., 52)

Im zweiten Teil seiner *Muhammedanischen Studien* hat Goldziher gezeigt, wie die Entwicklung des Hadith eine Ausgleichung, ein quasi-evolutives Produkt in Auseinandersetzung mit seinem historischen Kontext war. Seine Begeisterung für das kontingente Verhältnis der muslimischen Traditionen zu ihren Entstehungskontexten ging so weit, dass er einen ganzen Artikel über die strukturelle Diskrepanz der Theorie des muslimischen Rechts zur Wirklichkeit schreiben konnte, ohne seinen Lesern überhaupt zu erklären, warum dies interessant sein könnte. Zu einer bestimmten von Abū Ḥanīfa kodifizierten Lehre etwa bemerkte er, sie sei »nun geradezu im Widerspruch mit dem Text der Sunna, aber im Einklang mit den Erfordernissen der Verwaltung«. Muss dies nicht dazu führen, dass das Recht über kurz oder lang jegliche Autorität verliert? Nicht für Goldziher, der in der Möglichkeit einer Diskrepanz zwischen Recht und Wirklichkeit gerade einen Garanten dafür sah, dass die notwendigen Akkommodationen des Rechts die wahren Bedürfnisse des Lebens »zur Sprache brachten«. Nicht die zeitlose Gültigkeit interessierte ihn am orthodoxen Recht, sondern die Notwendigkeit von dessen Interpretation:

»Der kritische Apparat zu den kanonischen Traditionssammlungen wimmelt von Varianten, welche, bei Licht besehen, die Tendenz verrathen, einen Text zu schaffen, welcher als Stütze der beabsichtigten Accomodationen dienen könne. Und Legion ist die Anzahl der Erdichtungen, welche den Zweck verfolgen, eine theoretische Basis für das praktische Leben zu schaffen.«

In seiner Methode der Historisierung des Islam ging Goldziher diesen Weg wieder rückwärts und benutzte die Erdichtungen in ihrer Diskrepanz zum orthodoxen Recht, um Einblicke in die Dynamik des historischen Lebens zu gewinnen.

Die »Berührung« zwischen Text (Koran, Fikh, Sunna, Hadith) und Leben wird durch den Konsens der Gelehrten, den Idjmāʿ, besonders plastisch verkörpert, und es ist evident, dass Goldzihers Akkommodationsinteresse genau dieser Institution der muslimischen Traditionsbildung eine Schlüsselposition zuschreiben musste. Im zweiten Kapitel seiner *Vorlesungen über den Islam,* mit »Die Entwicklung des Gesetzes« überschrieben, führt Goldziher diese dritte Säule der islamischen Traditionsbildung folgendermaßen ein:

»Hier ist die Stelle, von einem großen Grundsatz zu sprechen [...]. Inmitten der theoretischen Unsicherheit des Usus ist im Kreise der islamischen Theologen ein Grundsatz zur Geltung gekommen und mit verschiedenartiger Anwendung immerfort in Geltung geblieben, wonach ›meine Gemeinde – so läßt man den Propheten sprechen – niemals in einem Irrtum (ḍalāla) übereinstimmen wird‹.«

Gerade der den Idjmāʿ charakterisierende Umstand, »daß man ihn nicht leicht aus dem Koran selbst herleiten konnte«, sprach in den Augen Goldzihers für seine weitreichende Bedeutungszuschreibung, wonach der Idjmāʿ »den Schlüssel zum Verständnis der Entwicklungsgeschichte des Islam in ihren staatlichen, dogmatischen und gesetzlichen Beziehungen« darstelle (Vorlesungen, 54). Goldzihers Auffassung vom Idjmāʿ, den er auch »die Lehre von der Unfehlbarkeit des consensus ecclesiae« nennt, kennzeichnet eine spezifische Konvergenz zwischen der Richtigkeit und der Form ihrer emotionalen Anerkennung durch die Gruppe: »Also alles, was vom Gesamtgefühl der Bekenner des Islams gebilligt wird, ist richtig und macht Anspruch auf verpflichtende Anerkennung, und nur in jener ist es richtig, die ihm das Gesamtgefühl, der Konsensus, gegeben hat.« Aus diesem Grund besitzt diese Form von Rationalität das Gewicht, jede nur auf theoretische Kohärenz gegründete Theorie außer Kraft zu setzen oder zu reinterpretieren: Nur durch die Herrschaft des Idjmā‘ sei es erklärlich, »daß man religiösen Erscheinungen, die aus theoretischem Gesichtspunkte als islamwidrig zu verpönen waren, wegen ihrer allgemeinen Anerkennung die Marke der Orthodoxie aufdrücken konnte«. Erst im Lauf der Zeit habe das richtige Mischungsverhältnis zwischen traditioneller Lehre und Gruppengefühl die endgültige Formel für den Idjmā‘ hervorgebracht: Einerseits seien erste Versuche, ihn »auf Zeit und Ort zu beschränken und als idschmā‘ zu definieren«, fehlgeschlagen, andererseits »konnte auch die völlig freie Überlassung des idschmā‘ an das instinktive Gefühl der Masse einer theologischen Disziplin nicht genügen«. Schließlich habe sich der Idjmā‘ in die Formel »übereinstimmende Lehre und Meinung der in einer bestimmten Zeit anerkannten Religionsgelehrten des Islam« gefügt. In ebendieser spezifischen Verbindung von Gemeinschaftsgefühl und Gelehrsamkeit hat Goldziher grundsätzlich »die fakultativen Keime der freien Bewegung und Entwicklungsfähigkeit« des Islam gesehen. Dadurch, dass das Prinzip des Idjmā‘ eine gleichermaßen wirksame Waffe gegen das nur Rationale und das Irrationale gebildet habe, habe es dem Islam ermöglicht, sich an jeden Kontext zu akkommodieren und dennoch er selber zu bleiben: »Es bietet ein erwünschtes Korrektiv gegen die Tyrannei des toten Buchstabens und der persönlichen Autorität. Er hat sich, mindestens in der Vergangenheit, als hervorragender Faktor der Anpassungsfähigkeit des Islams bewährt« – übrigens eine fast wörtliche Entsprechung dessen, was Goldziher über das rabbinische Denken in seiner Rabbinismus-Vorlesung gesagt hat. So darf es wohl auch auf beide Traditionen, die muslimische und die jüdische, bezogen werden, wenn Goldziher in dem Prinzip des Idjmā‘ eine große Zukunft gesehen hat. Das letzte Zitat fährt fort: »Was könnte seine konsequente Anwendung für die Zukunft bewirken?« (Ebd., 55 f.)

Worin lag aber nach Goldziher das Spezifische der Rationalität des Idjmā'? Im dritten Kapitel seiner *Vorlesungen über den Islam* mit dem Titel »Dogmatische Entwicklungen« berichtet Goldziher über das Verhältnis der beiden wichtigsten Strömungen der theologischen Schulen des Kalam, der Mutaziliten und der Aschariten. Erstere hatten sich mithilfe der Logik der griechischen Philosophie unnachgiebig gegen anthropomorphe Vorstellungen der Orthodoxie gewandt, Letztere suchten dagegen eine vermittelnde Position zwischen orthodoxem Dogma und vernunftgeleiteter Schriftauslegung. Man könnte erwarten, dass Goldziher eher mit der Seite der Aschariten sympathisierte. Tatsächlich minimiert er aber die Unterschiede zwischen diesen Strömungen und verdächtigt beide gleichermaßen einer realitätsfernen Ratio. Auch die Aschariten hätten die Vernunft, den *'aḳl,* letztlich als religiöse Erkenntnisquelle akzeptiert, auch sie hätten mit philologischen Mitteln die Anthropomorphismen *(tadjzīm)* in der Traditionsliteratur bekämpft und auch sie hätten die Formel der Mutaziliten unterschrieben, »daß die auf traditionelle Momente gegründete Demonstration kein sicheres Wissen bietet« (ebd., 127). Goldziher nimmt demgegenüber die Perspektive der »alten Schule«, der »altgläubigen Theologie« oder der »ungefälscht orthodoxen Traditionsgetreuen« ein, wie er sie abwechselnd nennt, und kritisiert beide, die Aschariten und die Mutaziliten. In ihrer rationalistischen Kritik würden sie sich zu leicht über die durch die Tradition hervorgebrachten Texte, den Koran und die Sunna, hinwegsetzen, »die in dem kanonischen Corpus zu finden und dadurch von der Gesamtheit der rechtgläubigen Gemeinde als maßgebend anerkannt sind« (ebd., 124).

Goldziher war also gegen das prinzipiell »der dogmatischen Demonstration der Vernunft vor der Überlieferung zugestandene Vorrecht«, das letzte Wort zu haben, was seiner Meinung nach nicht der Gewohnheit der »intransigenten alten Schule« entsprach (ebd., 127). Es wäre aber ein fundamentales Missverständnis, seine Position in einem Traditionalismus mit Affinität zum vernunftfeindlichen Fundamentalismus zu verorten. Goldzihers strenger Monotheismus erlaubte ebenfalls keine anthropomorphen Gottesvorstellungen, jedoch untergrub für ihn die Art und Weise, wie im Kalam aus Koran und Tradition die anthropomorphen Ausdrücke »hinausgekünstelt« wurden, das monotheistische Anliegen selbst (ebd., 123). Goldziher macht vielmehr philosophisch ernst mit der Position, die Geschichte verlange (auch und gerade im 19. Jahrhundert) die Berührung von Monotheismus und Wissenschaft, göttlichem Handeln und menschlichem Erkennen. Nach Maimonides handelt Gott kraft des Kontingenten in der Geschichte. Die durch den Idjmāʿ garantierte Akkommodation ist aber ein Garant der Berührung des Kontingenten mit dem Denken. Diese Berührung ist nur möglich, solange die Vernunft die Tradition nicht starr festlegt, sondern von den konkreten Lebensumständen der Gemeinde zur Berücksichtigung des Kontingenten in Natur und Kultur veranlasst wird. Aus diesem Grund bekämpfte Goldziher im Namen seines Wissensbegriffs die Überschätzung der reinen Vernunft, die in seinen Augen letztlich die Absurdität zur Folge hat, »daß Gott in seiner Gesetzgebung durch den kategorischen Imperativ gebunden ist!« (ebd., 106). Mit unnachgiebiger »alter Schule« meint Goldziher also geradezu das Gegenteil eines engstirnigen, prinzipienverhafteten Fundamentalismus. Vielmehr trägt für ihn ein nur seine eigenen Maßstäbe anerkennender Rationalismus fundamentalistische Züge:

»Alles, was wir hier vom Wesen der muʿtazilitischen Bewegung erfahren haben, gibt diesen Religionsphilosophen das Recht, auf den Titel Rationalisten Anspruch zu erheben […]. Aber können wir sie schon deshalb auch liberale Leute nennen? Den Titel müssen wir ihnen freilich versagen. Sind sie doch mit ihren, dem orthodoxen Begriff entgegenlaufenden Formeln zu allererst die Begründer des Dogmatismus im Islam.« (Ebd., 117)

Noch seinem Freund und bedeutenden Reformer Muḥammad ʿAbduh in Ägypten machte Goldziher dessen Ansicht zum Vorwurf, »dass bei einem Widerstreit von Vernunft und Tradition der Vernunft das Entscheidungsrecht zustehe« (ebd., 127).

An dieser Stelle sei folgender Kommentar zu Goldzihers Hochschätzung des Idjmāʿ gegenüber der Vernunft erlaubt. Nicht nur in seinen *Vorlesungen zum Islam* betont Goldziher immer wieder die geringe Originalität des Islam und zählt stattdessen die reichlichen Übernahmen aus den umgebenden Kulturen auf. Dass dies von Goldziher als Lob beziehungsweise als Kritik an einer durch Ideen (dogmatisch) geleiteten (christlichen) Geschichtsauffassung gemeint ist, wird sich dem Leser in den seltensten Fällen erschließen. So unterscheidet er zu Beginn seiner Islam-Vorlesungen zwischen inneren und äußeren Impulsen der Entwicklung des Islam. Dann gewichtet er beide Quellen des Impulses folgendermaßen:

»Wenn auch in der Geschichte des Islams die Betätigung der Impulse ersterer Art nicht fehlt, so ist es zumeist die Assimilierung fremder Einflüsse, was die wichtigsten Momente seiner Geschichte kennzeichnet. Seine dogmatische Entwicklung geschieht im Zeichen hellenistischer Gedanken, seine gesetzliche Ausgestaltung läßt den Einfluß des römischen Rechts nicht verkennen, seine staatliche Organisation, wie sie sich im

ʿabbāsidischen Chalifat ausformt, zeigt die Verarbeitung persischer Staatsideen, sein Mystizismus die Aneignung neuplatonischer und indischer Gedankengänge.«

Was Goldziher damit betonen will, ist durchaus nicht fehlende Kreativität des Islam, sondern vielmehr dessen große Anpassungsfähigkeit durch Akkommodation. »Aber auf jedem dieser Gebiete erweist der Islam seine Fähigkeit zu organischer Einverleibung und Verarbeitung der fremden Elemente, so daß ihr fremder Charakter sich nur der scharfen Analyse kritischer Forschung offenbart.« (Ebd., 3) Für Goldziher war die mit dem konkreten Leben im Einklang stehende Fortführung einer Tradition ein höherer Wert als die konzeptionelle Originalität.

In einer wenig beachteten Studie wies Goldziher exemplarisch nach, dass das Entwicklungsgesetz des Islam – wie oben schon für das Judentum ausgeführt – in dessen Gottes- und Gesetzesbegriff wurzelt, genauer in der Verbindung von Monotheismus und Idjmāʿ. Ein Beweis für die Entwicklungskraft des Monotheismus sei die Tatsache, dass sich der Islam auch an stark widerstrebende Ethnien – siegreich – akkommodieren konnte. Bei der Studie handelt es sich um Goldzihers beinahe hundertseitigen Artikel *Materialien zur Kenntnis der Almohadenbewegung in Nordafrika* in der *Zeitschrift der Deutschen Morgenländischen Gesellschaft* (41 [1887], 30–140; nachfolgend Materialien), von dem er in seinem Briefwechsel mit dem Berliner Islamwissenschaftler Martin Hartmann am 21. März 1898 sagte: »In derselben Abhandlung ist noch manches über Entwicklungsgeschichte des Islam gesagt, was leider völlig unbeachtet geblieben ist.« Die vielleicht kritischste Situation in der Ausbreitung des Islam war nach Goldziher die Begegnung des arabischen Islam mit der berberischen Mentalität in Nordafrika.

Weder die Macht des Schwertes noch die der religiösen Systeme der Ascharia oder der Mutazila noch das philosophische Denken konnten dem Islam dort gegenüber den ethnischen Traditionen der Berbervölker zum Sieg verhelfen:

»An keinem Punkte seiner Weltherrschaft hat die Idee der Einheit und Untheilbarkeit des muhammedanischen Staates so fühlbaren Schiffbruch erlitten wie im Maġrīb. Nirgends auf dem weiten Gebiete der dem Islam unterworfenen Welt haben sich die Triebe der Volksseele der Macht des Schwertes und der Gewalt der vollzogenen Tatsachen mit so kräftiger Energie entgegengestemmt wie hier.« (Materialien, 30)

Schon seit Längerem durch den »Verkehr mit Snouck«, dem niederländischen Orientalisten Christiaan Snouck Hurgronje (1857–1936), stark angezogen von der »Entwicklungsgeschichte und Eigenthümlichkeit des afrikanischen Islam«, wählte Goldziher bewusst diese Ausnahmesituation für seine Studie zu den Entwicklungsgesetzen des Islam. Der Materialfülle dieses Artikels, der die Anfänge der gewöhnlich durch ihre Rigidität gegenüber den Juden in Al-Andalus bekannten Dynastie der Almohaden sehr empathisch darstellt, kann hier in keiner Weise Rechnung getragen werden. Jedoch enthält die äußerst verzweigte Argumentation dieses Artikels eine interessante Dynamik. Sie erinnert an Maimonides' Erklärung der nicht rationalen Gebote des jüdischen Gesetzes aus ihrem historischen Verhältnis zum polytheistischen Kult der Sabier: Die Akkommodation des monotheistischen Gesetzes an den heidnischen Kult bewirke notwendig dessen allmähliche Veränderung in Richtung Monotheismus. Im ersten Drittel des Artikels beschreibt Goldziher zunächst detailliert diejenigen Eigenarten der Berber in

Nordafrika, die ihrer Islamisierung besonders im Wege standen, nämlich den Widerstand gegen das muslimische Gesetz, den Persönlichkeitskult und die nationale Denkweise. An zahlreichen Beispielen zeigt er, wie sich das Gewohnheitsrecht der Berber stets gegen die von außen oktroyierten Heirats-, Erb- und Speisegesetze des Islam behauptete. Weiterhin wurde die Islamisierung durch die Tatsache erschwert, dass der Persönlichkeitskult der Berber zusammen mit ihrer nationalen Orientierung auf die eigene Sprache immer wieder neue Mischreligionen aus berberischen und muslimischen Elementen hervorbrachte:

»Mit dem Propheten Muhammed wollen berberische Propheten den Kampf aufnehmen, dem Koran werden Gottesbücher in berberischer Sprache entgegengestellt, die rituellen Institutionen und Verordnungen des Islam werden in eigentümlicher Weise modificirt.«

Diese neuen Mischreligionen wie der »Marabuten-cultus« und die »Baraġwāta-sekte« in Nordafrika besaßen eine starke »Neigung zur abgöttischen Verehrung leitender Persönlichkeiten« – ein nach Goldziher auch in seinem Jahrhundert wirkender »Cultus des Genius, welcher hier in Nordafrika sich zur abgöttischen Verehrung imponirender Individualitäten, zum Menschencultus erhöht« (Materialien, 43 f.). Im Anschluss an diese Darstellung des heidnisch-polytheistischen Kontextes des Islam in Nordafrika – analog zur Situation der Hebräer unter den Sabiern bei Maimonides – berichtet Goldziher nun von Ibn Tūmarts (ca. 1080–ca. 1130) Reise in den Osten. Ibn Khaldūn zitierend, stellt er fest:

»Er (Muḥammed Ibn Tūmart) hatte im Osten mit den aš'aritischen Imamen verkehrt und ihre Vorträge gehört und ihre Methode in der Rettung der Glaubenslehren der Altvorderen und ihre Vertheidigung durch Verstandesargumente [...] zu billigen gelernt.« (Materialien, 59)

In Bagdad versuchte die Vermittlungstheologie der Ascharia, zwischen dem »Spiritualismus der Mu'taziliten«, welcher die Vorstellung eines persönlichen Gottes des Koran unmöglich machte, und »der anthropomorphistischen Seite hin«, welche Analogien zwischen Mensch und Gott erlaubte, eine Balance herzustellen. Nachdem Ibn Tūmart wieder nach Nordafrika zurückgekehrt war, setzte er die Ascharia um – jedoch nicht in ihrer Lehrgestalt. Diese Form, ja ihre Existenz an sich, habe sie lediglich der Mutazila zu verdanken: »Auch in Baġdâd hätte es keinen Aš'arismus gegeben, wenn nicht das Emporkommen der Mu'taziliten jenen als Bedürfniss des muhammedanischen Glaubens gefordert hätte.« (Materialien, 65) Da beide Schulen des Kalam in Nordafrika nahezu unbekannt gewesen seien, habe sich Ibn Tūmart frei gefühlt, die ascharitische Ablehnung des anthropomorphen Gottesbildes durch das Hauptunterscheidungsmerkmal der Mutazila von der Ascharia, nämlich die Negation der Attribute Gottes, anzuschärfen oder zu vergeistigen, wie Goldziher es ausdrückt. Diese »geistigere Auffassung« der Wahrung der Einheit Gottes *(at-tauḥīd)* bezeichnet Goldziher als »eine der merkwürdigsten Thaten des Muḥammed ibn Tūmart«; sie hatte zur Folge, dass er den Anthropomorphismus nicht nur als Gottlosigkeit *(kufr)* einstufte, sondern gleichzeitig auch die Methode des *ta'wil*, das heißt seine rationale Deutung, »zum casus belli erhöhte« (Materialien, 66 f.). Denn auch eine mithilfe abstrakter Konzepte betriebene Eliminierung anthropomorpher Aussagen über Gott versieht ihn dennoch mit positiven, wenn auch abstrakten Attributen. Dies erinnert an die strenge Unterscheidung des Maimonides zwischen dem notwendigen Sein Gottes und der Notwendigkeit des bedingten Seins der Schöpfung. Der aus der Schöpfung hervorgegangene Mensch nähere sich auch durch den Einsatz von gedanklicher Abstraktion in seinem Gottesbegriff nicht dem notwendigen Sein Gottes, im Gegenteil gelinge dies nur über die Tätigkeitsattribute Gottes, welche die einzig positiven Eigenschaften Gottes seien. Dass Ibn Tūmarts Kampf gegen den krassen Anthropomorphismus *(tadjzīm)* seiner Vorgänger und Widersacher, der Almoraviden, tatsächlich ein tätig-politischer wurde, ist für Goldziher der Beweis dafür, dass Ibn Tūmart seinem enttheoretisierten Gottesbegriff treu geblieben war:

»Es ist interessant zu sehen, wie in diesem Zusammenhang der rein theologisch-dogmatische Terminus tauḥīd mit der Zeit ein politischer Terminus wird; er bedeutet später nicht mehr das Bekennen der unitarischen Glaubensformel nach der Definition des Muh. Ibn Tūmart, sondern die Unterwerfung unter die politische Herrschaft der Almohaden-dynastie.« (Ebd., 70)

Die Kontingenz des Feldes des politischen Handelns liegt aber nach Maimonides wie alles Kontingente im Bereich der List Gottes. Insofern es nun Ibn Tūmarts Islam gelang, sich an den Personenkult und den Nationalismus der Berber in der Weise praktisch zu akkommodieren, dass keine Mischreligionen mehr entstanden, sondern erstmals der Islam in seiner monotheistischen Form Fuß fassen konnte, war dies für Goldziher ein Beweis für eine Akkommodation im Einklang mit den Tätigkeitsattributen und unter Wahrung des Tauḥīd:

»Zu allererst sehen wir hier den orthodoxen Islam sich den Anforderungen der Nationalität anpassen, und es ist das Verdienst Ibn Tūmart's den Islam mit den nationalen Forderungen des Berberthums ausgesöhnt und die Identität von Islam und Arabismus wenigstens in Nordafrika gebrochen zu haben […]. Niemals früher wurde die berechtigte Eigenthümlichkeit des Berberthums innerhalb des Islam betont, und wir begreifen nun leicht die Begeisterung, mit welcher sich die Berber diesem national geformten Islam anschlossen. Das tauḥīd nun stand im Mittelpunkt des religiösen Lebens.« (Ebd., 71 f.)

Nachdem Goldziher in der Mitte seines Artikels die *Tauḥīd*-Formel des Ibn Tūmart im vollen Wortlaut auf Arabisch und Deutsch folgen ließ – »sie ist als Ausgangspunkt und gewissermaßen Symbol einer der merkwürdigsten Bewegungen im maġribinischen Islam immer werth, dem Wortlaut nach bekannt und bewahrt zu werden« (ebd., 72) –, folgt am Ende des Artikels Goldzihers Suche nach den von Ibn Tūmarts Gottesbegriff im Staatswesen der Almohaden hinterlassenen Spuren, vor allem aber in deren Gesetzeswissenschaft. Wir können uns hier mit Andeutungen begnügen, da die Bedeutung des Idjmāʿ bereits oben für die Wahrung der Einheit Gottes im Fall des maimonidischen Gottesbegriffs dargestellt wurde. Analog hebt Goldziher nun für die muslimische Tradition die alleinige Gründung von Ibn Tūmarts Gesetzeswissenschaft auf den Idjmāʿ hervor. Er sei zur »traditionellen Schule« zurückgekehrt:

»Hauptgrundsatz seines Fiḳh-Systems ist, dass das Gesetz nicht auf die individuelle Meinung (الظنّ) und die Thätigkeit der Vernunft (العقل) gegründet sein, sondern nur auf die Data der Tradition (نقل) auferbaut werden könne. Die Quellen und Principien der Gesetzesfolgerung sind demnach kitāb, sunna und iǧmāʿ.«

Ebenso ist uns Goldzihers Auffassung bereits vertraut, dass diese »Ausschließung der speculativen Quellen« es ermöglicht habe, »in der Anerkennung der Tradition als Gesetzesquelle die grösste Liberalität zu entfalten« (ebd., 85 f.). In seinem Fikh-System habe Ibn Tūmart so dem mohammedanischen Grundsatz Geltung verschafft, »den schroffen Buchstaben des Gesetzes durch spitzfindige Umdeutung mit der Praxis des Lebens auszusöhnen« (ebd., 96) –, wodurch die Akkommodation zu einem zentralen Entwicklungsfaktor des Islam erhoben wird. Schließlich garantiert Ibn Tūmart, wie wir es bereits von Maimonides kennen, die konsequente Ausrichtung seines Fikh-Systems auf die Praxis des Lebens durch die Ausbildung dieses Systems zur Wissenschaft, denn er lehrt, dass »die Erfüllung der göttlichen Gesetze ohne Wissenschaft von denselben völlig werthlos« ist. Goldziher hatte im Rahmen seines Almohaden-Artikels selbstverständlich keine Veranlassung, auf Maimonides zu verweisen. Jedoch grenzt er Ibn Tūmarts »casus belli« hinsichtlich der praktischen Handhabung der Anthropomorphismen von Ibn Rushds untätiger Haltung in dieser Frage ab. In seiner Abhandlung *Philosophie und Theologie* vertritt er die These, »dass es verwerflich und religiösen Interesse schädlich sei, dem gewöhnlichen Volke […] die anthropomorphische Auffassung […] zu rauben« (ebd., 84). Sollte sich beim Leser der Verdacht einstellen, Goldziher habe Ibn Tūmart seiner muslimischen Tradition entfremdet und nach dem Bild des Maimonides geformt, so hat die neuere Forschung dies widerlegt. Sarah Stroumsa hat die Verwandtschaft von Ibn Tūmarts *Tauḥīd*-Formel und den 13 Glaubensgrundsätzen *(ikkarim)* des Maimonides in Aufbau und Wortlaut nachgewiesen und damit umgekehrt die Nähe von Maimonides' Gottesbegriff zu dem Ibn Tūmarts bestätigt.

Es entsteht damit der Eindruck, Goldziher habe nicht nur, wie oben vorgeschlagen, die zentrale Rolle des Gemeinschaftsgefühls in seinem Entwicklungsmodell für das Judentum dem muslimischen Idjmāʿ nachempfunden, sondern auch seinen Gottesbegriff den muslimischen Traditionen entnommen. Diese nur historisch geleitete Schlussfolgerung – Ibn Tūmart ist ein paar Jahrzehnte älter als Maimonides – muss hier jedoch relativiert werden: Schon der ganz junge Goldziher scheint lange vor seinem Studium des Islam die Bedeutung seiner späteren Konzepte des Gemeinschaftsgefühls, des Epochenkontextes und vielleicht auch seines Gottesbegriffs zu kennen. In der *Derascha* (religiöse Ansprache) anlässlich seiner Bar-Mizwa, für Goldziher zeitlebens eine seiner wichtigsten Kindheitserinnerungen, suchte der 13-Jährige eine Meinungsverschiedenheit zwischen Maimonides und Moses Isserles – »Das Sagen der Pijjutim ist heut zu Tage ein Zankapfel des Judenthums« – im Einvernehmen mit der Tradition zu entscheiden. Goldziher löst die Frage, ob die Rezitation der Pijutim ein religionsgesetzliches Gebet sei oder nicht, indem er die Kontexte der Äußerungen der Kontrahenten analysiert. Die gefundene Lösung kommentiert er mit den Worten: »Dadurch wäre weder die Meinung des Ibn Ezra, Rambam etc. noch die des R. M. Isserles, widersprochen.« Dies stellt in solchem Maße eine Vorwegnahme seiner späteren Hochschätzung der durch das Gemeinschaftsgefühl legitimierten Traditionen dar, dass die Frage, ob für ihn das Judentum oder der Islam Anspruch auf die Urheberschaft dieser Konzepte besaß, müßig ist. Vielmehr scheinen beide Traditionen in Goldzihers Wahrnehmung eine Einheit sui generis zu bilden. Wie schmerzhaft muss es für ihn gewesen sein, dass gerade das gegen ein freies Schalten und Walten individueller Rationalität gerichtete Anliegen seiner unter dem Namen *Sichat Jitzchak* gedruckten *Derascha* ihm den Ruf eines Freigeistes oder Spinozisten eingebracht hat: »Dies Opus ist der erste Grundstein zu meinem bösen Ruf als ›Freigeist‹. Die Weissenburger Juden waren entrüstet und nannten mich einen ›Spinozisten‹«.

Ein dritter Weg zwischen Historismus und Kulturgeschichte

Auch Goldzihers scheinbar so singuläre – von evolutionären Prozessen des religiösen Lebens ausgehende – historische Methode hat ihren zeitgeschichtlichen Entstehungskontext. An welche Methoden lehnt sie sich an, von welchen grenzt sie sich ab? Schematisierend ließe sich sagen, dass zwar grundsätzlich der Entwicklungsgedanke (wie auch die Tatsache einer daraus abgeleiteten Ethik und Erkenntnistheorie) Goldzihers Methode der Historisierung mit der des Historismus eint, dass sich aber der Historismus gleichzeitig wegen seiner Monadisierung der Geschichte in unendlich viele eigengesetzliche Individuen von Goldzihers quasievolutiver, durch religiöse Gemeinschaften in Gang gesetzter Entwicklungsgeschichte deutlich unterscheidet. Goldzihers Annahme von universalen Entwicklungsgesetzen der Kultur – analog zu den Naturgesetzen – verbindet seine Geschichtsauffassung vielmehr mit jener der Aufklärung, insbesondere mit der in ihr wurzelnden Kulturgeschichtsschreibung; wie sich zeigen wird, stand er einer ihrer Unterströmungen besonders nahe. Im Gegensatz zum Standpunkt der Theoretiker des Historismus Troeltsch und Meinecke, dass »zwischen den Erscheinungen der Natur und denen der Kultur ein Wesensunterschied« bestehe, geht Goldziher im Einklang mit der Kulturgeschichtsschreibung von einer wesenhaften Überlappung von Natur und Kultur aus. Es ist hier nicht der Ort, das Verhältnis des Historismus zur Kulturgeschichte und Aufklärung abschließend zu bestimmen – zumal die historische Forschung selbst fundamental uneins ist über das Verhältnis des Historismus zur Aufklärung. Nach Georg Iggers war die historische Vernunft des Historismus »mit einbezogen in die Zerstörung des Glaubens an die Vernünftigkeit [...] des menschlichen Geschehens«, weil sie ihren »positiven Glauben an eine sinnvolle Weltordnung auf geschichtlichem Relativismus« gründete. Sobald ihr (lutherischer) Glaube, dass die »in menschlichen Ideen und Institutionen verkörperten Werte und Einsichten eine ethische Ordnung widerspiegelten«, in den Katastrophen des 20. Jahrhunderts obsolet geworden war, musste die historistische Leugnung der universalen, überzeitlichen Normen des Naturrechts der Aufklärung die Vernichtung dieser Vernunft selbst zur Folge haben. Friedrich Jäger und Jörn Rüsen hingegen verstehen den Historismus »als Erben und Vollender der Aufklärung«. Der Historismus führe gerade nicht zu einer zwangsläufigen Legitimation des Status quo, sondern habe den Vernunftanspruch der Aufklärung nach »Orientierung der menschlichen Lebenspraxis an den Gesichtspunkten freier Selbstbestimmung um einen entscheidenden Schritt weitergetrieben«, indem er »die geschichtliche Dimension dieser freien Selbstbestimmung erschlossen« habe.

Die Kulturgeschichte hat, wenn auch noch nicht unter diesem Namen, mit Voltaires *Essai sur l'histoire générale et sur les mœurs et l'esprit des nations* (1756) zum ersten Mal die materiellen Aspekte der Kultur und nicht die politischen Entscheidungsträger als eigentliche Triebkräfte geschichtlicher Entwicklung herausgestellt. Voltaire wollte sich nicht mehr mit »der Beschreibung von Staatsaktionen, von Kriegen, Verträgen und der Genealogie der Herrschergeschlechter« zufriedengeben, sondern öffnete sich »neuen Objektbereichen, dem sozialen, ökonomischen und kulturellen Leben, besonders aber der Geschichte von Kunst und Wissenschaft«. Wegen der antiaristokratischen Geschichtsauffassung der Kulturgeschichtsschreibung war sie im Liberalismus des Vormärz etwa ab 1830 Teil des bürgerlichen Kampfes. Aber auch nach der gescheiterten Revolution verebbte die Kulturgeschichte nicht, sondern das durch sie bestärkte heimatkundliche Interesse des Bürgertums führte im Jahr 1857 zur Gründung eines Vereins für Kulturgeschichte in Weimar. Somit ist der Aufschwung der Kulturgeschichte

»Ausdruck eines schichtenspezifischen Bewußtseins des Wirtschafts- und Bildungsbürgertums, das trotz der niedergeschlagenen Revolution nach 1848/49 zunehmend an Selbstvertrauen gewann. Es war der Anspruch, mittels Handel und Gewerbe ›selbst Geschichte zu machen‹, aus dem die Berechtigung einer eigenständigen Geschichtsschreibung als Kulturgeschichte abgeleitet wurde.«

Die mangelnde theoretische Grundlegung und die Spaltung des Feldes der Kulturhistoriker in die Materialisten (Karl Biedermann, 1812–1901, und Gustav Klemm, 1802–1867) einerseits und die Idealisten (Jacob Burckhardt, 1818–1897, und Johannes Scherr, 1817–1886) andererseits verhinderte aber die Herausbildung einer einheitlichen Schule. Was sie immerhin verband, war ihr Selbstverständnis als Korrektiv der politischen Geschichtsschreibung, wie sie etwa von Leopold Ranke (1795–1886) oder Barthold Georg Niebuhr (1776–1831) betrieben wurde.

Bekanntheit hat die Kulturgeschichtsschreibung vor allem durch Karl Lamprechts Kritik an der Historikerzunft erhalten. Ab 1891 blies er zum Kampf gegen die individualisierend-beschreibende Methode des Historismus: Dieser habe durch sein Insistieren auf dem Besonderen seinen Status als Wissenschaft verwirkt. Die kausal-genetische Methode Lamprechts dagegen hatte ihr Vorbild in den universalen Gesetzen der Naturwissenschaft. Sie richtete verstärkt den Blick auf soziologische Entwicklungen des Kollektivs wie auch die Analyse konstanter Strukturmerkmale der Gesellschaften, was den Kulturvergleich wie auch die entwicklungsgeschichtliche Perspektive begünstigte:

»Das jüdisch-christliche Denken nahm ebenso wie das säkularisiert-aufklärerische eine Einheit der Menschheitsgeschichte an. Diese Annahme wurde vom Historismus in Zweifel gezogen, da für ihn die Geschichte innerhalb der je für sich bestehenden Kulturen sich ereignete; jede Kultur bildet ein völlig selbständiges Untersuchungsobjekt. Damit wurde die Idee der linearen geschichtlichen Entwicklung geleugnet.«

Ohne dass Lamprecht marxistisch inspiriert gewesen wäre, zog er sozioökonomische und später auch sozialpsychologische Faktoren zur Erklärung historischer Prozesse heran. In seinem Bestreben, die weltanschaulichen Positionen des Historismus im Feuer der positiven Wissenschaft zu reinigen, radikalisierte Lamprecht »in expliziter Anknüpfung an Darwin« sein historisches Kausalitätsdenken. »Historische Entwicklungen waren für Lamprecht wie naturhafte Prozesse gesetzesförmig strukturiert.« Seine Kulturgeschichte orientierte sich »an ›biogenetischen Grundgesetzen‹ als den Determinanten historischer Prozesse«. Auf Lamprecht braucht hier nicht näher eingegangen zu werden. Aufschlussreich ist jedoch, dass seine Überzeugung, bei der Abfolge der Epochen dieselbe Kausalität am Werk zu sehen wie »für die Wachstumsphasen der Pflanzen und für die Entwicklung und Involution der thierischen Organismen«, durchaus an Intentionen Goldzihers mit seinem Epochenmodell erinnert. Allerdings dürfen über dieser Analogie, die Gesetze der Evolution und der Entwicklungsgeschichte miteinander in Beziehung zu setzen, nicht die grundsätzlichen Unterschiede zwischen Lamprechts und Goldzihers – mindestens ein Jahrzehnt früher konzipiertem – Geschichtsmodell verwischt werden. Weder ging es Goldziher um die unmittelbare Übertragung evolutiver Gesetze aus der Biologie auf die Geschichte noch bildete eine Reduktion der Geschichte auf sozioökonomische oder sozialpsychologische Zusammenhänge das Ziel seiner Methode. Letztere kritisierte er sogar scharf an seinem Berliner Kollegen Martin Hartmann (1851–1918), der Lamprecht sehr schätzte. In einem Brief vom 7. Februar 1915 an seinen Freund und Kollegen Theodor Nöldeke (1836–1930) beklagt sich Goldziher über die materialistische Methode Hartmanns:

> »Es kommt so weit, dass für die Entstehung des Islams Muhammed als ganz zufällige Nebenfigur und als hauptsächlicher Entstehungsgrund die Getreidepreise in Mekka betrachtet werden. Martin Hartmann ist im Stande, auch diese Behauptung stilistisch auszuformen. Nahe ist er dran.«

Goldzihers Motivation, die Geschichte als einen quasievolutiven Prozess aufzufassen, wollte zwar den Geschichtsverlauf zum Gegenstand wissenschaftlicher Methoden machen, jedoch keineswegs die Geschichte auf ein wissenschaftlich autorisiertes Entwicklungsgesetz festlegen. Goldziher hielt nämlich ein von der menschlichen Vernunft ersonnenes Entwicklungsgesetz der Geschichte für eine unzulässige Reduktion der geschichtlichen Dynamik. Die Evolution interessierte Goldziher lediglich als Modell einer zielgerichteten Bewegung ohne Beteiligung der Vernunft, keineswegs jedoch in der spezifischen Gestalt einer Evolutionstheorie. Schon der Historismus stellte durch Rankes intuitive Versenkung in das Objekt mit dem Ziel, sein »Selbst gleichsam auszulöschen«, eine Kritik an Hegel dar, welcher die Objektivität der Geschichte vor allem von der subjektiven Vernunft her konstruiert hatte. Es war Hegels tendenzielle Vernachlässigung der historischen Faktizität, auf welche der Historismus mit der Ausschaltung des Subjekts um den Preis eines aus erkenntnistheoretischer Sicht naiven Eintauchens in die Objektwelt reagierte. Aber ebenso wie für Hegel stellte auch für den Historismus die Geschichte eine vernünftige Einheit dar. Die Institutionen waren nach Ranke Ausdruck des vernunftmäßigen göttlichen Willens, ja »Gedanken Gottes«. Nur fällt im Historismus diese Einheit der Geschichte in einen mehr oder weniger transzendenten Gott. Damit tat sich angesichts der geschichtlichen Methodik Hegels und der des Historismus die Alternative auf zwischen der Einheit der Geschichte in der Vernunft unter Vernachlässigung der historischen Faktizität oder der Einheit der Geschichte in Gott unter Vernachlässigung eines wissenschaftlichen Begriffs von Geschichte. Fügt man in diese Schematik die Kulturgeschichte ein, dann versuchte diese die Vorteile beider Alternativen zu vereinen: einen wissenschaftlichen Geschichtsbegriff, der aber dennoch auf der Faktizität der Geschichte gründet. Mit ihrer Verengung der Geschichte auf den Determinismus naturwissenschaftlicher Gesetze handhabte sie aber nun einen Begriff der Freiheit, der wenig mehr als Willkür war. Goldziher wahrt eine unabhängige Position gegenüber allen drei Geschichtsmodellen und bietet eine originäre Alternative: Er geht unmittelbar von den faktischen Spuren der Geschichte aus und sieht in der ethisch geforderten, das heißt die Freiheit des Menschen voraussetzenden Reibung zwischen den Kulturen sowohl den Grund für eine Entwicklung der Geschichte als auch für ihre wissenschaftliche Begriffwerdung, und er verortet die vernünftige Einheit dieser Geschichte in einem vollständig transzendenten Gott.

Es gibt innerhalb der Kulturgeschichte eine Strömung, deren Bemühungen, die Dynamik kultureller Gemeinschaften als wissenschaftlich verifizierbaren natürlichen Prozess nachzuweisen, mit Goldzihers Interessen aufs Engste verwandt sind. Selbst der Gedanke der kulturellen Reibung als Faktor geschichtlicher Entwicklung lässt sich dort finden. Es handelt sich um die Disziplin der sogenannten Völkerpsychologie, wie sie zuerst von dem Früh-Soziologen und Kulturwissenschaftler Moritz Lazarus (1824–1903) Ende der 1840er Jahre entworfen und dann von dem Sprachwissenschaftler Heymann Steinthal (1823–1899) Anfang der 1850er Jahre begierig aufgegriffen und in der gleichnamigen Zeitschrift Anfang der 1860er Jahre einer breiteren Öffentlichkeit zugänglich gemacht wurde. Dass Goldziher Steinthal sehr schätzte, ist bekannt – in der Einleitung des *Mythos bei den Hebräern* bezeichnet er ihn als den »Begründer der wissenschaftlichen Mythologie auf hebräischem Gebiete«. Ohne hier die überfällige Analyse des Verhältnisses zwischen Steinthal und Goldziher leisten zu können, soll nur der behauptete Gleichklang beider Denker in der Frage einer evolutiven Bewertung der Entwicklung kultureller Gemeinschaften belegt werden. Lazarus und Steinthal waren sich dessen bewusst, dass sie mit der Völkerpsychologie – im heutigen Sprachgebrauch Kulturwissenschaft oder Social and Cultural Anthropology, als welche auch Goldzihers evolutive Entwicklungsgeschichte bezeichnet werden müsste – einen dritten Typ von Wissenschaft entworfen hatten. Er sollte zwischen der Natur- und der Geisteswissenschaft vermitteln können: »Wir könnten demnach veranlaßt sein, die Psychologie als eine dritte Wissenschaft zwischen die Naturwissenschaft und Geschichte zu stellen.« Geschichte narrativiere nur Ereignisse und müsse durch eine synthetische Disziplin ergänzt werden, die eine Lehre von der Geschichte aus den Gesetzen ihrer Anatomie entwickle: »Wo ist denn aber die Physiologie des geschichtlichen Lebens der Menschheit? Wir antworten: in der Völkerpsychologie.« Schuld daran, dass die Gesetze der Geschichte ohne angemessene Berücksichtigung der tatsächlichen Erscheinungen festgestellt wurden, sei Hegel: »[A]llein ihm erschien es hier, wie in der Psychologie überhaupt, überflüssig, eine Gesetzmäßigkeit in der Entfaltung der bloßen Erscheinungen aufzusuchen; ihm genügt vielmehr die Entwicklung der Idee nach ihrer immanenten Reihenfolge [...].« Gegen diese »bloß dialektische Schematisierung der subjectiven Thätigkeiten« komme es darauf an, »den Werth und die Nothwendigkeit der wissenschaftlichen Erforschung der psychischen Causalität weitläufig zu vertheidigen«. Statt die Volksgeister von fertigen Kategorien ausgehend zu konstruieren, fordern Lazarus und Steinthal, »daß die Völkerpsychologie nur von den Thatsachen des Völkerlebens ausgehen kann, daß sie aus der Beobachtung, Ordnung und Vergleichung der Erscheinungen allein hoffen kann, die Gesetze des Volksgeistes zu finden«. Die »Culturgeschichte aller Nationen« stelle für diese Aufgabe eine »reiche Ausbeute des mannigfaltigen Materials« zur Verfügung. Die überraschende Ähnlichkeit des

Gedankens bei Lazarus und Steinthal einerseits und bei Goldziher andererseits, wonach die geistige Entwicklung der Kultur analog zu natürlichen Prozessen gesehen und erforscht werden müsse, bringt in noch grundsätzlicherer Form Steinthals Aufsatz *Wahrheit und Entwicklung* (1889) zum Ausdruck. Alles Geistige und Körperliche habe zwei Seiten, »eine äußere und eine innere, die sich aber nicht von einander trennen lassen«. Vielfach parallelisiert Steinthal in dieser Hinsicht das Geistige mit dem Körperlichen und umgekehrt:

»So hat jeder National-Geist wie ein lebendiger Leib seine Constitution und inneren Bau und hat darin seinen Bestand und wird ein individuelles Wesen. Dies ist seine innere Seite. Er steht aber inmitten der natürlichen und geistigen Zufälligkeiten: er lebt und betätigt sich unter den Gaben und Verhältnissen des Himmels und des Erdbodens, in solchem Klima, in solchen Bergen, Ebenen und Flüssen, mit solchem Temperament, solchen Fähigkeiten und Neigungen.«

Auch wenn der »geistige Organismus des Einzelnen oder eines Volkes« in seiner Differenziertheit grundsätzlich anderen Gesetzen als denen der Körperwelt zu gehorchen scheine, dürfe die Analogie zwischen ihnen nicht aufgehoben werden: »Die Kräfte aber, welche hier das Ganze constituiren, sind ungleich mannichfaltiger als die irgend eines körperlichen Organismus [...]. Doch die allgemeine Analogie zwischen beiden wird dadurch nicht aufgehoben.« Ganz so, wie in der Natur durch Reibung Wärme erzeugt und Leben ermöglicht werde, so würden das auch gegeneinander wirkende geistige Kräfte tun: »[W]enn nur auf allen Seiten das Wol und das Gedeihen des Ganzen zum Ziel gesetzt ist, so erzeugt die Reibung der Gegensätze an einander Wärme des Lebens,

Vielgestaltigkeit der Hervorbringungen, Ergänzung der Einseitigkeiten.« Und diese der physikalischen Welt entlehnte Ausdrucksweise geht nahtlos über in eine genauso von Goldziher gebrauchte Redeweise vom Kampf(platz des Lebens) zur Erklärung geschichtlicher Entwicklung: »Durch solche Bewegung in Kämpfen und Gegenkämpfen wird die Entwicklung bedingt.« Wie Goldziher stellte auch Steinthal den (evolutiven) Zusammenhang zwischen den Volksgeistern und der Eigenart der Epoche her: »So begreift man den verschiedenen Charakter der Perioden der Geschichte aus den innerlich verschiedenen Kämpfen der Volksgeister.« Schließlich bekennt sich Steinthal auch – als Konsequenz seines physikalischen Entwicklungsbegriffs – zum Gedanken der dialektischen Verschränkung von Werden und Vergehen. Dies erinnert an die zentrale Rolle, welche die unterlegenen Ideen in Goldzihers Methode der Historisierung einnahmen: »In allen Schöpfungen des Geistes, in Sprache, in Wissen und Glauben, in Sitte und Recht, überall herrscht ein unausgesetzter Wandel, kein Aufbau ohne Niederreißen, ja die aufbauende Kraft selbst ist eben auch die zersetzende.« Allerdings gibt es keine Anzeichen, dass Steinthal seinen auf der Physik der Volksgemeinschaften gegründeten Geschichtsbegriff mit einem – etwa über die geschichtliche Kontingenz agierenden – Gottesbegriff verbunden hätte. Stattdessen thematisiert er an mehreren Stellen seines Aufsatzes explizit den Kampf der deutschen mit der jüdischen Kultur.

Der Islam als Motor der Kulturgeschichte der Menschheit

Es könnte sein, dass Goldzihers Konzept der evolutiven Entwicklungsgeschichte eine der Klammern seines gesamten Œuvres darstellt. Ja, es gibt Anzeichen, dass Goldzihers Entwicklungsmodell auf eine – die Völker sowohl des Orients als auch des Okzidents gleichgewichtig umfassende – Entwicklungsgeschichte des menschlichen Geistes abzielte. Zwar übernimmt er das Konzept der Universalgeschichte – hierin erweist er sich als ein Kind der Romantik –, aber von Hegels Geschichtsdenken unterscheidet sich die Form seiner Universalgeschichtsschreibung, neben dem oben Erwähnten, durch ihre zirkuläre anstelle einer linearen Struktur und durch die unaufhebbare Schlüsselrolle des Orients, insbesondere des islamischen. Goldziher testet hierbei die Tragfähigkeit seines auf Performativität kultureller Kontingenz gegründeten Entwicklungsbegriffs als Erklärungsprinzip für die Entwicklung der Kulturgeschichte der Menschheit. Abschließend wird daher der Versuch unternommen, Goldzihers zentrale Veröffentlichungen als langfristige Versuchsanordnung zur Verifizierung seines zweistufigen Entwicklungsbegriffs zu begreifen und seine regional orientierte Forschung – vom Maschrik einschließlich des mittleren Ostens zum Maghreb einschließlich Spaniens – in ihrer Zusammensetzung als Argument für seine Entwicklungsgeschichte des menschlichen Geistes zu verstehen.

Zunächst sei an die beiden Arten der Entwicklung erinnert, die Goldziher in seiner ersten Vorlesung zu *Wesen und Entwicklung des Judentums* unterschieden hat. Zum einen handelte es sich um »eine solche, die im Geist der

Gemeinschaft unbewusst, ungewollt, ohne jegliches Ziel vollzogen wird«. In klaren Anklängen an das Werk von Lazarus und Steinthal spricht Goldziher von psychologischen Gesetzen wie etwa der »Ausformung und Entwicklung der Sprache«, die sich eben nicht nur im Individuum, sondern zuallererst – gewissermaßen φύσει (»von Natur aus«) – in der Gesellschaft manifestieren. Über diese Entwicklung, etwa von den mythischen Namen hin zu Göttern oder Helden und schließlich durch Abstraktion zu einer »feineren Gottesidee«, sagt Goldziher:

»Die unbestreitbare Tatsache, dass die in dieser Entwicklung sich manifestierenden Erscheinungen *universell*, in jeder Rasse der Menschheit offensichtlich sind, beweist, dass sie *Gesetzmäßigkeiten* folgen und mit der psychologischen Gestimmtheit der Gesellschaft zusammenhängen. Die darin sich zeigenden Erscheinungen sind keine Wirkungen des *Individuums*, sondern der Gesamtheit, welche auf eine bestimmte Art ablaufen, vorausgesetzt es gelingt nicht einer großen Persönlichkeit oder einer ganzen Gruppe großer Persönlichkeiten, durch ihren Einfluss den Willen der Gesellschaft in eine andere Richtung zu lenken.« (WuE, 39)

Letztere Einschränkung markiert den Übergang vom ersten, unbewussten zum zweiten, bewusst gesteuerten Entwicklungstyp. Beide Entwicklungsbegriffe bauen wesentlich aufeinander auf. Wie oben dargelegt, möchte Goldziher auch den zweiten Entwicklungstyp, dessen paradigmatische Konkretion – unschwer zu erkennen – der Idjmāʿ ist, quasievolutiv verstehen. Goldzihers Œuvre lässt sich als eine schrittweise Erprobung seiner Entwicklungsbegriffe als Alternative zum ideengeschichtlichen – gewissermaßen θέσει (»durch menschliche Setzung«) behaupteten – Entwicklungsbegriff des

Westens auffassen. Wir müssen uns bei der Rekonstruktion von Goldzihers Entwicklungsmodell der Kulturgeschichte der Menschheit jedoch auf Indizien im Hinblick auf Goldzihers Hauptschriften beschränken, die weniger Nachweis als Anregung sein wollen. Sein erstes Buch, *Der Mythos bei den Hebräern* (1876), ist vor allem der Erforschung des ersten, unbewussten Entwicklungstyps gewidmet. Goldziher möchte in diesem Buch – gegen Renan, der die Mythenlosigkeit der Semiten behauptete – die Existenz hebräischer Sagen als notwendigen Teil der sozusagen unbewussten, quasiphysischen Entwicklung jeder Sprache, auch der semitischen, belegen:

»[W]ir erkennen sie [die Sagen] als entstanden durch denselben psychologischen Vorgang, dem wir auch die Sprache verdanken, wie letztere φύσει nicht θέσει, als die allerälteste Kundgebung der menschlichen Geistesthätigkeit an der Schwelle der Entwickelungsgeschichte des Geistes aus demselben hervorbrechend, sich dann später mit Herausbildung höherer Culturverhältnisse wieder ganz spontan, durch völkerpsychologische Vorgänge und beileibe nicht durch feine Spitzfindigkeit und weltkluge Geriebenheit bestimmter leitender Klassen, umbildend und entwickelnd.«

Alle folgenden Bücher Goldzihers – *Die Ẓāhiriten* (1884), *Muhammedanische Studien* (1888), *Vorlesungen über den Islam* (1910) und *Die Richtungen der islamischen Koranauslegung* (1920) – sind jedoch überwiegend der Erforschung der Gesetze des zweiten Entwicklungstyps gewidmet. Für die *Vorlesungen über den Islam* wurde dies oben bereits mit einer Reihe von Beispielen belegt. In seinem Buch zu den Ẓāhiriten, einer kleinen, aber besonders strengen Rechtsschule, vertritt Goldziher den Standpunkt, dass der Islam gerade mithilfe des muslimischen Rechts (Fikh), »namentlich wenn man die Erkenntniss der geschichtlichen Entwicklung desselben im Auge hat«, studiert werden müsse. »[D]ie einzelnen Vorkommnisse des kirchlichen und socialen Lebens« vermittelten nur eine mangelhafte Kenntnis des Islam. Auch nicht das Studium theoretischer Systeme, wie Dogmatik, Theologie oder Philosophie, sondern ausgerechnet die Methodologie des Rechts *(uṣūl al-fiḳh)* ist für ihn – neben der »inneren Geschichte der Interpretation des Korān und des Ḥadīṯ« – die angezeigte Grundlage, um »das Verhältniss der Entwicklung desselben [des Geistes des Islam] zu seinen Quellen abschätzen« und die Frage entscheiden zu können, »inwiefern in dieser Entwicklung Freiheit oder Sklavensinn, die Tendenz zum Fortschreiten oder das Hangen am Veralteten, aktives geistiges Arbeiten oder träges gedankenloses Verharren waltete«. Vor allem konzentriert sich Goldziher auf Ibn Ḥazm im Spanien des 11. Jahrhunderts, einen der wichtigsten Repräsentanten der Ẓāhiriten, dessen Erbe nicht nur »unter dem dritten Herrscher aus der Dynastie der Almohaden in Spanien und Nordafrika: Abū Jūsuf Ja'ḳūb« großen Anklang fand, sondern dessen Prinzipien auch eine große Ähnlichkeit mit denen des ersten Almohadenführers Ibn Tūmart aufweisen – ein Denker, für den Goldziher, wie oben gezeigt, großes Interesse aufbrachte. Wie Ibn Tūmart ließ Ibn Ḥazm nur den Text der Religionsurkunden und den Konsens (Idjmā') als Entwicklungsprinzipien des Islam gelten. Durch seine Verwerfung des (individuellen) Analogieschlusses *(ḳijās)* ging er aber über diesen sogar noch hinaus:

»Wir haben hier bis zum Ueberdruss sehen können, wie Ibn Ḥazm die gesetzeswissenschaftlichen Grundsätze der Ẓāhirschule auf die Dogmatik anwendet und in dieser letztern nur die geschriebenen Religionsquellen und den Consensus als Autoritäten zulässt. So wie sich diese Schule im Fiḳh gegen den Analogiebeweis, Ḳijās, verwahrt, so will ihn ibn Ḥazm auch aus der Dogmatik verbannt wissen.«

Noch offener nennt Goldziher im Vorwort der *Muhammedanischen Studien* die Entwicklungsgeschichte – »In den mit diesem Band beginnenden ›Muhammedanischen Studien‹ gedenke ich eine Reihe von Abhandlungen über Entwicklungsgeschichte des Islam zu vereinigen« – sein Leitmotiv. Stellvertretend sei auf das Herzstück, Goldzihers Herangehensweise an den Hadith im zweiten Band, verwiesen. Anders als häufig von muslimischer Seite unterstellt, kam es Goldziher mit seinem Nachweis, dass zahlreiche Hadithe nach dem Tod Mohammeds erfunden worden waren, nicht darauf an, die Offenbarungsqualität der Mohammed zugeschriebenen Überlieferungen herabzusetzen. Goldziher interessierte an einem erfundenen Hadith nicht dessen unzutreffende Autorisierung, sondern sein Potenzial, als historische Quelle zur Entwicklung des sich festigenden Islam dienen zu können:

»Das Ḥadīth wird uns nicht als Dokument für die Kindheitsgeschichte des Islam, sondern als Abdruck der in der Gemeinde hervortretenden Bestrebungen aus der Zeit seiner reiferen Entwicklungsstadien dienen; es bietet uns ein unschätzbares Material von Zeugnissen für den Entwicklungsgang, den der Islam während jener Zeit durchmacht, in welchen er aus einander widerstrebenden Kräften, aus mächtigen Gegensätzen sich zu systematischer Abrundung herausformt.«

Goldziher betrachtete widersprüchliche Hadithe deshalb als einzigartige Geschichtsquelle, weil die in ihnen konservierten innergemeindlichen Auseinandersetzungen –

wie Fossilien für die Evolution – Zeugnisse des durch keinerlei Theologie gefilterten realen Lebens waren. Schließlich lässt sich der evolutive Entwicklungsgedanke auch als Pulsschlag für Goldzihers Schrift *Die Richtungen der islamischen Koranauslegung* wahrscheinlich machen. Er bearbeitet die Auslegungsgeschichte des Koran nicht, indem er die einzelnen Schulmeinungen und Methoden zur Auslegung des Koran nach Art eines Lehrbuchs isoliert nebeneinanderstellt. Gesteuert wird seine Darstellung vielmehr durch die Absicht zu zeigen, dass niemals ein bestimmtes Auslegungskonzept des Koran die Zustimmung aller Leser gefunden habe. Dadurch aber, dass Goldziher stets dem Widerspruch der anderen Gruppierungen Gehör verschafft, folgt seine Auslegungsgeschichte des Koran nicht – *θέσει* – den Weltanschauungen der jeweils dominierenden Gruppierungen, sondern wird – *φύσει* – durch den (auf das reale Leben verweisenden) Dissens zwischen diesen Gruppierungen vorangetrieben. Je mehr eine durch kulturfremde Konzepte inspirierte Exegese – etwa in der Mutazila oder dem Sufismus – versuchte, den Koran vollständig auf diese Konzepte zuzurichten, desto leichter fällt es Goldziher, stets wieder den Blick auf den »Kampfplatz des Lebens« zu öffnen und den Widerspruch der traditionellen Orthodoxie zu materialisieren. Hierdurch wird für ihn die Frühzeit der Konstituierung des heiligen Textes, in der angeblich noch kein kulturfremder Rationalismus die Auslegung bestimmte, zwangsläufig zu einer Phase, in der eine »sich bis zum Individualismus steigernde Freiheit« in der Koranauslegung herrschte.

War es aber, wie oben angedeutet, tatsächlich Goldzihers Absicht, die entwicklungsgeschichtlichen Aspekte des Islam, die er in seinen Schriften entweder regional oder thematisch begrenzt behandelt hatte, zu einer großen

Bewegung zusammenzufassen, zu einer Entwicklungsgeschichte des menschlichen Geistes? Róbert Simon spricht in *Ignác Goldziher. His Life and Scholarship* an mehreren Stellen von dessen »großartigem Konzept von ›Kulturgeschichte‹«, ohne es näher auszuführen. Goldziher habe im ersten Jahrzehnt seiner wissenschaftlichen Karriere ab 1860 dieses umfassende Konzept einer vergleichenden Kulturgeschichte verfolgt, dieses Interesse jedoch ab 1885 aufgeben müssen, um sich in der Folgezeit nur noch der Geschichte des Islam zu widmen. Wir können dagegen in Goldzihers Interesse an einem übergreifenden kulturgeschichtlichen Modell keine Zäsur feststellen. Vielmehr erklärt sich sein kontinuierliches Interesse an der Entwicklungsgeschichte des Islam, an ihrer Schlüsselrolle für die Entwicklungsgeschichte des menschlichen Geistes, aus ihrer paradigmatischen Position innerhalb seiner historischen Methode. Zwei kürzere Texte sollen hier die Umrisse von Goldzihers umfassendem kulturellen Entwicklungsmodell veranschaulichen. Es handelt sich um den oben bereits kurz erwähnten, 1877 veröffentlichten Inauguralvortrag Goldzihers sowie um einen in der Zeitschrift *Budapesti Szemle* (Budapester Revue) veröffentlichten Aufsatz zur arabischen Historiografie aus dem Jahr 1895. Der in ungarischer Sprache gehaltene Inauguralvortrag über die spanischen Araber und den Islam unternimmt eine radikale Umwertung der europäischen Wahrnehmung des Islam in Spanien. Entgegen dem im 19. Jahrhundert überaus positiven Bild vom »Goldenen Zeitalter« des muslimischen Spanien schreibt Goldziher dem östlichen Islam eine höhere Entwicklungsstufe zu. Damit stellte er sich, wie in der Einleitung angedeutet, auch gegen die Auffassung der Wissenschaft des Judentums. Diese behauptete nicht nur eine hoch entwickelte muslimische Kultur in Spanien als Hintergrund für die

Prosperität der dortigen jüdischen Traditionen, sondern die Behauptung einer besonderen kulturellen Symbiose zwischen Judentum und Islam in Spanien diente Reformjuden wie Abraham Geiger zur Illustration der hohen Assimilationsfähigkeit und Nützlichkeit der Juden in Deutschland wie auch der Überlegenheit des Westjudentums gegenüber dem Ostjudentum. Es handelt sich jedoch, wie zuletzt Aaron W. Hughes hervorgehoben hat, bei Geigers Bild eines jüdisch-muslimischen »Goldenen Zeitalters« in Spanien um die Erfindung einer Tradition und ihre politische Instrumentalisierung in der Moderne. Ganz anders die Herangehensweise Goldzihers, der zu Beginn seines Vortrags klarstellt, dass er den Wert des spanischen Islam ausschließlich an diesem selbst messen will, nicht an dessen jüdischem oder europäischem Erbe, denn dies hieße einen relativen zu einem absoluten Wert zu machen. Das ist eine scharfe Kritik an der selbstimmunisierenden Tendenz des westlichen Begriffs kultureller Entwicklung. Nur weil Europa über die spanischen Araber zuerst die Philosophie des Aristoteles erhalten habe, betrachte es den gesamten Islam im Horizont seines Geistes. Nur deshalb sei Europa zu dem Schluss gekommen, in der religiösen Praxis des westlichen Islam habe »mehr Toleranz und weniger geistloser Rigorismus« geherrscht, die religiöse Theorie sei viel stärker durch »philosophische Ideen und eine von den Fesseln des Dogmatismus befreite Denkweise« beeinflusst als im Osten.

Um die Einheit des Islam zu wahren und ihn an dessen eigenen Maßstäben zu messen, vergleicht Goldziher die vier großen Rechtsschulen der Hanafiten, Malikiten, Schafiiten und Hanbaliten. Seine Bestimmung des jeweiligen Verhältnisses von Innovation und Restriktion in diesen Schulen führt ihn zu folgenden zwei für uns relevanten Einsichten: Erstens zeichne sich entgegen der im Westen vorherrschenden Ansicht der westliche Islam durch eine »starre, traditionelle Engstirnigkeit« aus, der östliche Islam indessen durch eine »tolerante und liberale Tendenz der Würdigung des freien, individuellen Denkens und des Fortschritts der Zeit«; zweitens verlange der ethnografische Befund wirklich die Annahme einer Zäsur zwischen dem *mashrigī* und dem *maghribī Islām*. Zu diesen ethnografischen Gründen rechnet Goldziher unter anderem die unterschiedliche Schriftentwicklung in Ost und West – die westliche Schrift habe sich aus der alten Kufischrift nachweisbar anders weiterentwickelt als die Nashischrift im Osten –, die ursprünglich nomadische Angewohnheit des Tragens eines Burnus im Westen oder den charakteristischen maghrebinischen Dialekt. Goldzihers kulturgeschichtliche Begründung der Zäsur zwischen östlichem und westlichem Islam lässt aufhorchen, und in der Tat sieht er in ihnen »zwei Entwicklungstendenzen, deren vergleichendes Studium nicht uninteressant für die Geschichte der Zivilisation sein dürfte«.

Um aber den Zusammenhang dieser Zäsur mit Goldzihers Auffassung von der Entwicklungsgeschichte der Zivilisation überhaupt verstehen zu können, ist seine Begründung für diese Bewertung des westlichen, rigiden und des östlichen, liberalen Islam äußerst bedeutsam. Goldziher geht davon aus, dass der Islam grundsätzlich zwei Tendenzen in sich trägt, eine konservative und eine, die sich einer »natürlichen historischen Entwicklung« nicht verschließt. Grundsätzlich beharrend wirkten demnach die von allen Muslimen akzeptierten religiösen Institutionen Koran (al-Kitāb) und Tradition (al-Sunna und al-Ḥadīth), dynamisierend dagegen die von nicht allen Muslimen akzeptierten Institutionen: der Konsens der Imāme (al-Idjmā‘) und der Analogieschluss (al-Ḳijās). Letzterer gewährt als einzige der vier genannten Quellen des Islam der Subjektivität des Einzelnen freien Raum. In Anwendung auf die vier Rechtsschulen kommt Goldziher zu folgender Unterteilung: Der malikitische und der hanafitische Ritus stehen sich als Pole gegenüber, denn im malikitischen dominiere die beharrende Tendenz (Tradition), im hanafitischen dagegen zeige sich auch seine dynamische Tendenz (individuelle Meinung):

»Die malikitische Schule, deren Gründer auch Pionier der Wissenschaft von der Tradition war, erkennt lediglich den Koran und die Tradition als Quellen der Dogmatik, des Ritus und des Gesetzes an; demgegenüber ebnete die auch ›Schule der Meinung‹ genannte hanafitische Schule, deren Gründer die Tradition weniger betonte, den Weg für die Analogie und die persönliche Meinung in der Theologie und dem kanonischen Gesetz.«

Wir können uns auf diese beiden Schulen beschränken, da die beiden anderen – Schafiiten und Hanbaliten – nach Goldziher lediglich vermittelnde Positionen einnehmen. Goldziher untermauert seine Charakterisierung von Hanafiten und Malikiten mit einer langen Reihe von Beispielen »aus seinem Archiv«: nach Abū Ḥanīfa dürfen Nichtmuslime Mekka betreten, nach Mālik ibn Anas nicht; nach Abū Ḥanīfa kann die Frau nach eigenem Willen ihren Ehemann wählen, nach Mālik ibn Anas nicht; nach Abū Ḥanīfa ist eine Ehe zwischen Nichtmuslimen rechtskräftig, nach Mālik ibn Anas nicht; nach Abū Ḥanīfa macht ein versehentlich gebrochenes Fasten dieses nicht ungültig, nach Mālik ibn Anas schon etc. Bedingt durch das Verbreitungsgebiet der beiden Rechtsschulen – die hanafitische (und die schafiitische) im Osten, die malikitische in Nordafrika (ohne Ägypten) und Spanien im Westen – fällt Goldzihers Antwort auf die Frage, wo im Islam der Liberalismus zu Hause sei, eindeutig aus:

»[D]ie Antwort muss nachdrücklich gegeben werden, dass es der östliche Bereich ist, während der westliche Bereich die Tendenz des religiösen Lebens begünstigte, welche insbesondere das liberale Bemühen, Fortschritt, Anpassung an die Erfordernisse der sich verändernden Zeiten und die tolerante Gleichbehandlung im Umgang mit Andersdenkenden erschwerte.«

Pointiert schreibt Goldziher dem westlichen Islam die Tendenz eines aus dem nomadischen Leben stammenden Fanatismus zu, dem östlichen dagegen eine im urbanen Kontext gewachsene, auf friedliche Kontakte mit fremden Gesellschaften bedachte Tendenz zur Anpassung und Entwicklung. So erkläre sich auch, warum der hanafitische, östliche Islam in der politischen Sphäre erfolgreicher gewesen sei: Sein Interesse an der Milderung einer rigiden Tradition und seine Akzeptanz der abweichenden Meinung hätten den politischen Kompromiss befördert.

In diesem Punkt hätte Goldziher die Ansicht, der spanische Islam sei dem östlichen überlegen, für widerlegt halten können. Sein entwicklungsgeschichtliches Interesse lässt ihn jedoch weiterfragen, warum sich der entwicklungsfähige, liberale Islam gerade im Osten, der statische, traditionalistische dagegen im Westen angesiedelt hat. Seine Antwort auf diese Frage ist in unserem Zusammenhang entscheidend, weil sie unmittelbar die Frage nach der Entwicklungsdynamik des menschlichen Geistes zwischen Bagdad und Córdoba betrifft. Goldziher unterscheidet zwei externe und einen internen Grund. Am wichtigsten für unseren Kontext ist folgender externer Grund: Es sei »historisch notwendig« gewesen, dass »die liberale Strömung des Islam gerade im Irak entstanden sei«. Diese Notwendigkeit – ein bemerkenswerter, analog zu natürlichen Gesetzmäßigkeiten gebildeter Ausdruck – sei darin begründet, dass der Islam bei seiner Ausbreitung in Syrien und Persien auf entwickeltere Kulturen gestoßen, im Westen dagegen ohne kulturelle Herausforderer geblieben sei. Im Osten aktivierten die überlegenen umgebenden Kulturen beide Aspekte des Islam – den traditionsorientierten, statischen und den liberalen, dynamischen. Der Islam war gleichzeitig in der Lage, die Bevölkerung zu unterwerfen *und* sich die überlegene Kultur islamkonform anzueignen: »[A]ll dies ist durch die Doppelnatur des Islam zu erklären. Er war insofern sowohl Eroberer als auch Eroberter als er die eroberten fremden Kulturen in seinen eigenen Organismus aufnahm und sie seiner eigenen Individualität entsprechend assimilierte«. Und nicht ganz unerwartet wird die Dynamik dieses kulturellen Verhältnisses mit dem Begriff der Akkommodation beschrieben – ebenjener Akkommodation des Maimonides, welche die eigene Tradition notwendig (oder quasievolutiv) entwickelt, indem sie sich der überlegenen Kultur aussetzt:

> »[W]ir sollten nicht vergessen, dass die Akkommodation des siegreichen Islam an die eroberten Nationen, besonders die Perser, […] nicht die Folge einer freien Entscheidung seitens der Eroberer war, sondern eher das Sich-Ergießen der intellektuellen Superiorität der kultivierten Völker über die rauhen Araber.«

Genauso wie diese Konstellation im Osten – vor allem über die Institution des Idjmāʿ – die Entwicklung des Islam bewirkte, verursachte das Fehlen einer kulturellen Herausforderung für den Islam im Westen den Rückfall in einen Traditionalismus, »denn es gab keine potente intellektuelle Reaktion, an die sich der arabische Kopf hätte akkommodieren können, noch gab es eine intellektuell überlegene Nationalität, welcher die arabische Tradition hätte ausweichen müssen«. In diesem weiteren geografischen Horizont zwischen dem Ganges und Gibraltar zeigt sich, dass Goldzihers entwicklungsgeschichtliches Interesse sich fast zwangsläufig auf die Almohaden richten musste. Nordafrika bildet geografisch und kulturgeschichtlich die Zäsur und Vermittlung zwischen dem östlichen und dem westlichen – in Goldzihers Sicht dem dynamischen und dem statischen Islam. In einer Mikrostudie erkundete Goldziher, wie sich der Islam in Nordafrika doch durchsetzen und entwickeln konnte, obwohl ihm die Berber nicht kulturell, sondern lediglich national überlegen waren: »Vielleicht hätte eine Akkommodation [...] an die Individualität des Berbervolkes die Entwicklung des Islam in Nordafrika vorteilhaft beeinflussen können, aber es wurde nicht für notwendig erachtet«. Zehn Jahre später hat Goldziher diese Einschränkung modifiziert und – wie oben dargelegt – in seiner Almohadenstudie gezeigt, wie unter Ibn Tūmart die Akkommodation sogar an die nationale Individualität der Berber mit einer Entwicklung des muslimischen Monotheismus Hand in Hand ging. Bei der Suche nach Goldzihers Konzept einer Entwicklungsgeschichte des menschlichen Geistes ist also der Islam deshalb ein entscheidender Faktor, weil seine Ausbreitung – entgegen dem Klischee – nicht zu einer kulturellen Monopolisierung und Nivellierung, sondern zu einer kulturellen Pluralisierung und Entwicklung führte, solange er auf höher entwickelte Kulturen traf. Übrigens erledigt Goldziher das gegen seine These sprechende Phänomen Al-Andalus mit dem Hinweis, die Blüte der Wissenschaft dort gehe auf das singuläre, individuelle Interesse des Kalifen Ḥakam II. (915–976) zurück. Bereits sein unmittelbarer Nachfolger, Ibn Abī ʿÂmir (ca. 938–1002), habe im Einvernehmen mit dem Volk die einzigartige wissenschaftliche Bibliothek

Ḥakams II. dem Feuer übergeben. Dieses Muster wiederholte sich zwei Jahrhunderte später im 12. Jahrhundert: Nach der Herrschaft des Almoravidenkalifen Yūsuf ibn Tashfīn, Förderer der Philosophen Ibn Rushd, Ibn Bādja (ca. 1085 bis ca. 1138), Ibn Ṭufail (ca. 1105–1185) und Ibn Zuhr, mussten die Philosophen wieder um ihr Leben fürchten.

Damit kommen wir zum letzten hier zu zitierenden Zeugnis von Goldzihers rastlosem Bestreben, die Stimmigkeit seines – keineswegs zur Schau getragenen – Modells einer universalen Entwicklungsgeschichte des menschlichen Geistes an den kulturgeschichtlichen Daten zu überprüfen. Dieses Zeugnis ist der von Joseph Desomogyi ins Englische übersetzte ungarische Artikel *Historiography in Arabic Literature* aus dem Jahr 1895. Zu Beginn des zweiten Kapitels bekennt er, dass die »literarischen Phänomene« der von ihm erwähnten historiografischen Werke, etwa von al-Yaʿqūbī (gest. 897), aṭ-Ṭabarī (gest. 921), al-Bīrūnī (gest. 953), al-Masʿūdī (gest. 957), Ibn Khaldūn (gest. 1406) oder al-Maqrīzī (gest. 1441), eine detailliertere und systematischere Behandlung verdienten, allerdings sei das nicht der für diesen Artikel gewählte Gegenstand. Vielmehr interessiere ihn folgendes literaturgeschichtliche – jedoch weit darüber hinausweisende – Problem: die Art und Weise der Entstehung des historischen Bewusstseins bei den Arabern und die Entdeckung, dass dieser Vorgang »ein wichtiger, ja unverzichtbarer Faktor der geistigen Evolution« war. Ein Problem stellt diese Entwicklung für Goldziher deshalb dar, weil es scheint, dass die Entstehung der historiografischen Literatur der Araber, gerade weil sie keinerlei Vorläufer in der arabischen Kultur kannte, kulturgeschichtlich äußerst folgenreich war. Goldziher legt dar, dass selbst die älteste arabische Literaturgattung, die

Poesie, weder nachislamisch noch vorislamisch Spuren nationaler Mythen oder Hinweise eines nationalen Lebens aufwies. Lakonisch stellt er fest, dass »der Geist des Islam sich gegenüber der Sammlung, Bewahrung und Erarbeitung von historischem Wissen gleichgültig verhält«. Und doch habe die arabische Kultur trotz ihres anfänglich mangelnden Interesses an nicht religiöser Geschichtsschreibung die Geschichte der Menschheit nachhaltig verändert:

»Weder in der vorislamischen Periode noch im ersten halben Jahrhundert des arabischen intellektuellen Lebens könnte ein solcher Augenblick ausgemacht werden, der eine noch so primitive Spur eines historischen Bewusstseins trägt in einer Nation, die wirklich grundstürzende Veränderungen in der sozialen und kulturellen Geschichte der Menschheit konzipiert und initiiert hat«.

Für Goldziher spiegelt nämlich die zwar späte, jedoch äußerst glänzende Karriere der arabischsprachigen historiografischen Literatur die kulturgeschichtliche Bedeutung der arabischen Nation als solche. Die arabische Geschichtsschreibung habe nicht, wie alle anderen Literaturgattungen, nach dem 5. Jahrhundert der Hidschra ihre Originalität und Produktivität verloren, sondern »in der Periode des allgemeinen Verfalls der Literaturgattungen der Poesie, der Philosophie, der Philologie, der Jurisprudenz und der Theologie war es die Historiographie, die diesen Niedergang und Abbau nicht aufwies«. Namen wie al-Bīrūnī (973–1048), al-Maqrīzī (1364–1442) oder Ibn ʿAsākir (1105–1175) stehen etwa für eine achtzigbändige Beschreibung von Damaskus, aber auch für Abhandlungen zu vielen europäischen Städten, wie Prag, Krakau, Mainz und Schleswig, oder für Länderdarstellungen etwa von Ägypten oder Indien. Selbst in der Phase nachlassender Produktivität dieser Literaturgattung ab dem 12. Jahrhundert sticht noch einmal die Originalität Ibn Khaldūns (1332–1406) hervor, des »größten Historikers der arabischen Literatur«. Die lobenden Worte, die Goldziher findet, lassen Ibn Khaldūn fast als Alter Ego Goldzihers erscheinen. Die Definition von Geschichtsschreibung, wie sie Goldziher aus den Prolegomena von Ibn Khaldūns allgemeiner Geschichte zitiert – »Der Gegenstand der Geschichte ist über die sozialen Gruppenbildungen der Menschheit zu berichten wie auch über die vielfältigen Verhältnisse als die natürlichen Faktoren der Evolution des sozialen Lebens« –, wäre für seine eigene Forschung nicht weniger zutreffend. Die Charakterisierung des Forschungsprogramms von Ibn Khaldūn, der in Nordafrika zwischen zwei Nationen (Berber und Araber) und zwei sozialen Systemen (Nomadentum und Sesshaftigkeit) gelebt hatte, klingt bei Goldziher wie der Entwurf der Koordinaten seiner eigenen Wissenschaft:

»Er war zweifellos der erste Autor der Welt, der sich um Kulturgeschichte und gegründet auf eine philosophische Basis um das Narrativ der Evolution der menschlichen Gesellschaft gekümmert hat […]. Er klärte von einer höheren Warte als all seine Vorgänger, worum es in der Historiografie geht, weil er die soziale Organisation und das historische Schicksal der Menschheit mit im Blick hatte.«

Was leitet nun Goldziher aus der Tatsache ab, dass die arabische Historiografie gerade nicht aus dem nationalen Leben der Araber oder aus religiösen Tendenzen des Islam ihren Anfang genommen hat, aber dennoch eine besonders große Nachwirkung hatte? Um diese Faktenlage und damit das wahre Motiv der Entstehung der arabischen Historiografie vor Augen zu führen, macht Goldziher »einen kurzen Exkurs«, der hier besonders interessiert, weil sich nun zeigt, dass für ihn die arabische Historiografie Pars pro Toto für die kulturgeschichtliche Bedeutung der gesamten arabischen Kultur steht: »Betrachtet man den Ursprung und die konstituierenden Elemente der arabischen Zivilisation, dann gehört diese zu den komplexesten Phänomenen der Zivilisationsgeschichte.« Im Zuge seiner Begründung dieser Bedeutung der arabischen Kultur für die Geschichte der Zivilisation werden automatisch die Konturen von Goldzihers Konzept der Entwicklungsgeschichte des menschlichen Geistes sichtbar. Für die Historiografie gelte, was für die arabische Kultur überhaupt zutreffe, dass »es eine unzutreffende und irreführende Herangehensweise wäre das, was als arabische Zivilisation bezeichnet wird, als etwas durch den Genius des arabischen Volkes Geschaffenes und durch die führenden Köpfe dieser Nation Kultiviertes zu bezeichnen«. Und dann bekennt er: »Es war lediglich die Sprache dieser Zivilisation, nämlich das Arabische, welche durch den Islam den Status der literarischen Sprache des Mittleren Ostens erlangt, genauso wie das Lateinische aus ähnlichen Gründen die Wissenschaftssprache Europas wurde.«

Dies erinnert unmittelbar an Goldzihers ersten Entwicklungsbegriff, den er durch die unbewussten Gesetzmäßigkeiten der kollektiv bedingten Sprachentwicklung illustriert hatte. Wenn er also die arabische Zivilisation nicht als Leistung des individuellen und kollektiven Genius des arabischen Volkes bezeichnet, dann meint er weniger eine Enteignung ihrer (bewussten) geistigen Hervorbringungen (welche Hervorbringungen des zweiten Entwicklungsbegriffs sind), sondern die besondere Ausprägung der quasievolutiven (unbewussten) Entwicklungsdynamik in der arabischen Gesellschaft. Dies ist vor allem auch deswegen eine besondere Würdigung, weil nach Goldzihers Gottesbegriff ausschließlich die kontingente Interaktion – in der Natur wie in der Gesellschaft – der Ort von Gottes Handeln in der Geschichte ist. Wenn Goldziher die herausragende Bedeutung der arabischen Zivilisation für die Entwicklungsgeschichte der Zivilisation überhaupt betont, dann spricht er von ihrer herausragenden Rolle für die monotheistische Ausrichtung der Zivilisation – herausragend wegen des hier in besonderem Umfang wirkenden ersten Entwicklungsbegriffs. Diese spezifische Akkommodationsfähigkeit des Arabischen für jegliches Geistesprodukt, dem es bei seiner Verbreitung durch den Islam begegnete, machte die arabische Zivilisation nach Goldziher so bedeutsam für die Entwicklungsgeschichte des menschlichen Geistes:

»Feiner als jede andere kosmopolitische Weltanschauung es hätte tun können, vermischte und schloss der Islam den Individualismus der zahlreichen Nationen in seiner Gemeinschaft zusammen und machte das Arabische zum Medium der Kommunikation für die in Asien und Afrika geschaffene neue Welt.«

Dabei unterscheidet Goldziher noch einmal zwei Qualitäten des Kulturkontaktes. Nur Mittler oder Bewahrer, ohne den Prozess der Akkommodation, war das Arabische für die griechische Kultur:

»Es war in dieser Sprache [Arabisch], in der uns die Zivilisation vermittelt wurde, die bei sich zu Haus in Griechenland heimatlos geworden weiter im Osten Unterschlupf suchte und fand als eine merkwürdige Laune des Schicksals genau bei dem Volk, mit dem die Vorfahren dieser Zivilisation viele Jahrhunderte zuvor bei Marathon und Salamis vergeblich gekämpft hatten.«

Dies gilt auch für die arabische Übersetzung persischer Übersetzungen aus dem Sanskrit. Der Kontakt des Arabischen aber mit dem von den Persern selber geschaffenen Gedankengut löste die Dynamik der Akkommodation aus:

»Als die wilde Gewalt des Islam wie ein tobender Hurrikan das heilige Feuer des Ahura Mazda – die Schüler des Zoroaster unterdrückend und vertreibend – hinwegfegte, erlebte die persische Zivilisation einen ihrer glorreichsten Tage: sie war siegreich über die Eroberer.«

Diese Akkommodation des abbasidischen Islam an die Perser beantwortet gleichzeitig Goldzihers Ausgangsfrage nach dem außerhalb des Islam zu suchenden Motiv für die Entstehung der arabischen Historiografie:

»In der Geschichts[schreibung] übermittelten die Perser keine fremden, d. h. entliehenen, Schätze an die Araber, um sie zu bewahren, sondern erlaubten den Arabern ihre eigenen nationalen Ideen zu erkennen. Deshalb manifestierte sich der persische Einfluss auf die arabische Historiografie nicht so sehr in der Übersetzung, sondern in der Leihgabe einer Idee zur Entwicklung eines historischen Bewusstseins und eines Interesses an einer Sprache, in der die Rückbesinnung auf die Vergangenheit niemals vor diesem Einfluss ausgedrückt worden war.«

Die Araber übernahmen erstmals die Idee, auch »ihre eigenen historischen Traditionen zu sammeln, um schließlich ihre eigene Geschichte zu schreiben«. Wir können hier Goldzihers Argumentation, etwa die Übernahme formaler Merkmale der sassanidischen Königshistorie oder die Nationalisierung des Selbstverständnisses muslimischer Herrscher durch die nationalen Attribute des sassanidischen Königs betreffend, nicht im Detail nachzeichnen. Es genügt, wenn wir das Resultat dieses Prozesses festhalten: »Die Würde des Kalifen wandelte sich dank der freien Wahl und des Konsensus des Volkes in eine legitime Theokratie mittels der Transplantation einer persischen Tradition.« Was unsere Ausgangsfrage nach Goldzihers Modell der Entwicklungsgeschichte des menschlichen Geistes betrifft, lässt sich zusammenfassen, dass diese durch den Anteil des Islam eine Kreisbewegung von den Griechen ostwärts und nach der Akkommodation mit den Persern, deren Horizont bis zu den Indern reichte, wieder westwärts bis nach Spanien vollzogen hat. »Der Osten gibt an den Westen zurück, was er von ihm erhalten hatte.« Dort aber musste die auf Akkommodation gegründete zivilisatorische Dynamik der arabischen Kultur zum Stehen kommen, weil sie auf keine ebenbürtige Kultur traf – wie Goldziher in seiner Inauguralvorlesung resümiert:

»Während Europa üppige Geschenke von den aus Asien und Afrika stammenden Arabern Andalusiens erhielt, stellte es diesen Immigranten umgekehrt nichts zur Verfügung, um die Substanz ihrer Kultur zu bereichern und den Anwendungsbereich ihres Denken und Fühlens zu erweitern.«

Resümee – Goldzihers Methode der Historisierung aus der Transferdynamik kultureller Grenzen

Goldzihers Art der Verschränkung der modernen Schlüsselbegriffe Wissenschaft, Religion und Kultur zeugt von einer alternativen Deutung der Moderne. Für ihn sind wissenschaftlicher Fortschritt und Säkularisierung keineswegs sich gegenseitig bedingende Errungenschaften. Am Vorbild der mittelalterlichen jüdisch-arabischen Aufklärung geschult, kann Goldziher in der (Natur-) Wissenschaft und den religiösen Traditionen auch in seiner Zeit noch natürliche Verbündete erkennen – und macht damit das im 20. Jahrhundert äußerst erfolgreiche Konzept der Säkularisation gegenstandslos, lange bevor seine suggestive Wirklichkeitsanalyse erkannt wurde. Dies gelingt ihm durch eine – auch innerhalb der Bewegung der Wissenschaft des Judentums singuläre – Aktualisierung des Denkens des Moses ben Maimon. Durch die methodische Anwendung von Maimons Argumentation zur Begründung der Gebote im performativen Kontext der Kulturen erwirbt sich Goldziher einen gegen jegliche Spekulation gerichteten Entwicklungsbegriff, der auf der Dynamik kultureller Grenzen gründet und ein wesentliches Motiv für Goldzihers Erforschung des Islam bildete. Der Islam war für ihn das Paradigma für die akkommodierende Kraft kultureller Grenzen. Eine wesentliche Eigenschaft dieses Paradigmas war die Möglichkeit der Verschränkung des wissenschaftlichen und des monotheistischen Wahrheitsbegriffs – eine Überzeugung, die ihm die Wissenschaft zu einer ethischen Verpflichtung machte.

Goldziher entwickelte seinen Kulturbegriff im letzten Viertel des 19. Jahrhunderts im Kontext einer durch den Protestantismus aufgebauten Deutungsmacht über ebendiesen Begriff (»Kulturprotestantismus«). In Gestalt des in der Presse ab 1878 auf Schritt und Tritt anzutreffenden Schlagworts vom Kulturkampf war diese Deutungsmacht nicht nur innergesellschaftlich allgegenwärtig, sondern fand auch Anwendung auf das Verhältnis von Orient und Okzident. Die christliche Theologie, verkörpert durch Forscher wie A. v. Harnack oder E. Troeltsch, beanspruchte den Primat der Religionsdeutung. »Freiheit« und »Geist« zeichne wahrhaftig nur die Religion und Kultur des (protestantischen) Christentums aus. Wird aber das Christentum den Begriffen Religion und Kultur paradigmatisch zugrunde gelegt, bedeutet dies de facto, dass diese auf den Islam (und das Judentum) nur uneigentlich Anwendung finden können – ein Standpunkt, den auch (protestantische) Islamwissenschaftler wie C. H. Becker und M. Hartmann teilten. Goldziher wollte sich mit dieser »wissenschaftlichen« Strategie der religiösen und kulturellen Enteignung der semitischen Religionen nicht abfinden. Er nahm den Kulturkampf auf, indem er ihn durch ein eigenes Modell des kulturellen Kampfes gegenstandslos machte. Denn sein Begriff von Religionswissenschaft zielte darauf ab zu zeigen, dass sich Kultur nicht durch Wesenseigenschaften und Reinheit konstituiert, sondern durch (theologiefreie) Tätigkeit und Interaktion. Dabei gelang es ihm, ebenden Monotheismus des Islam (und des Judentums) als Motor der Kulturgeschichte nachzuweisen, der in der protestantischen Variante als Grund für die mangelnde Kreativität und Stagnation der semitischen Religionen verantwortlich gemacht worden war.

In mancher Hinsicht weist sein – heute im methodischen Umfeld des Kulturtransfers anzusiedelnder – Ansatz weit über seine Zeit hinaus. Er antizipierte Aspekte des Postmodernismus, was dessen Widerstand gegen die strukturelle Ausgrenzung des Heterogenen betrifft, jedoch nicht um den Preis der Leugnung von Kategorien wie Wahrheit und Geschichte. Allerdings entzog er diese der letzten menschlichen Erkenntnis, indem er die Akkommodation an das Heterogene zu deren notwendiger Kristallisationsbedingung machte. Oder Goldziher antizipierte den *performativ turn* der Kulturwissenschaften, was die kulturellen Inszenierungsaspekte von Bedeutung betrifft. Wie in diesem bilden für ihn – bewusste wie unbewusste – Meinungsbildungsprozesse in der breiten Gesellschaft den Bezugspunkt jeglicher Interpretation. Hierin liegen die Wurzeln des wesentlich egalitären Charakters von Goldzihers Kulturbegriff. Allerdings hätte dieser zu der Vorstellung einer »Kultur als Text«, von der sich der *performative turn* scharf abgrenzt, nicht im Widerspruch gestanden, da der (religiöse) Text nach Goldziher ein notwendiger Akteur dieser gesellschaftlichen Austauschprozesse war. Und Goldziher bestätigte durch die Ost-West-Polarität seiner Kulturgeschichte Edward Saids Vorwurf vom intrinsischen Orientalismus des Westens – um ihn selbst zu widerlegen, weil er seine wissenschaftliche Methode der westlichen entfremdet und auf die kulturelle Dynamik der orientalischen Kulturen, insbesondere des Islam, gegründet hat. Damit tauschte er aber nicht nur das Vorzeichen aus, sondern er gab der Ost-West-Polarität durch sein zirkuläres kulturgeschichtliches Modell eine völlig neue Bedeutung: Ost und West als Umkehrpunkte einer diese in einem

Menschheitsprojekt verbindenden Kreis- beziehungsweise Spiralbewegung. Und doch gewährte Goldziher innerhalb seiner wissenschaftlichen Methode religiösen oder ethischen Aspekten keinen Raum, denn sie duldet keinerlei ideengeleitete Herangehensweise an die Geschichte. Sie interessiert sich – als ihre Basis – nur für die Interaktion des Akzidentiellen, des Heterogenen im menschlichen Zusammenleben. Den kühnen Zusammenhang von Ost und West, von vormodernen, modernen (und postmodernen) Konzepten erlaubt Goldziher nur, sofern er durch den strengen Vorbehalt seines monotheistischen, das heißt attributfreien, Gottesbegriffs garantiert wird.

Quellen und Literatur

Bibliografien zum Werk Ignác Goldzihers

Bernard Heller, Bibliographie des Œuvres de Ignace Goldziher (avec une introduction biographique de M. Louis Massignon), Paris 1927; Alexander Scheiber, A Supplementary Bibliography of the Literary Work of Ignace Goldziher, in: Samuel Löwinger/Joseph Somogyi (Hgg.), Ignace Goldziher Memorial Volume, 2 Bde., Budapest 1948, Bd. 1, 419–431; Addenda, in: ebd., Bd. 2, Jerusalem 1958, 209–214; Ignaz Goldziher, Tagebuch, hg. von Alexander Scheiber, Leiden 1978, 331–334.

Die Briefe, die Goldziher erhalten hat, wurden von der Ungarischen Akademie der Wissenschaften (MTAK) online zugänglich gemacht, <http://konyvtar.mta.hu/index.php?name=v_5_4> (6. Januar 2014).

Verwendete veröffentlichte und unveröffentlichte Werke Ignác Goldzihers

Ignác Goldziher an Abraham Yahuda, Archiv Abraham Yahuda in der Handschriftenabteilung der Hebräischen Universität: MS Var. 38, File 3116, Briefe an Goldziher-Familie; ders., Keleti Naplóm [Mein orientalisches Tagebuch], Jewish Theological Seminary of America, Inv.-Nr. 104071, Archives 105, Small Collections, Box 1; ders., Sichat-Jiczchak. Abhandlung über Ursprung, Eintheilung und Zeit der Gebete, Pest 1862, <http://issuu.com/milev/docs> (6. Januar 2014); ders., Der Mythos bei den Hebräern und seine geschichtliche Entwicklung. Untersuchungen zur Mythologie und Religionswissenschaft, Leipzig 1876 (Nachdruck Wiesbaden 1987); ders., The Spanish Arabs and Islam. The Place of the Spanish Arabs in the Evolution of Islam as Compared with the Eastern Arabs, übersetzt von Joseph Desomogyi, in: Ignác Goldziher, Gesammelte Schriften, hg. von Joseph Desomogyi, 9 Bde., Hildesheim 1967–1973, Bd. 1, 370–421 (zuerst ung. 1877); ders., On the History of Grammar among the Arabs. An Essay in Literary History, hg. und übers. von Kinga Dévényi und Tamás Iványi, Amsterdam 1994 (zuerst ung. 1878); ders., Die Ẓāhiriten. Ihr Lehrsystem und ihre Geschichte. Ein Beitrag zur Geschichte der muhammedanischen Theologie, Leipzig 1884 (Nachdruck Hildesheim 1967); ders., Materialien zur Kenntnis der Almhoadenbewegung in Nordafrika, in: Zeitschrift der Deutschen Morgenländischen Gesellschaft (ZDMG) 41 (1887), 30–140; ders., A zsidóság lényege és fejlődése [Wesen und Entwicklung des Judentums. Vorlesungen gehalten im Jahr 1887/88], Budapest o. J. [um 1923]; neu ediert von János Kőbányai und József Zsengellér, A zsidóság lényege és feilődése, Budapest 2000, 29–128 (eine deutsche Edition durch den Autor in der Übersetzung von Mihály Riszovannij und Angelika Balog ist in Vorbereitung); ders., Muhammedanisches Recht in Theorie und Wirklichkeit, in: Zeitschrift für vergleichende Rechtswissenschaft 8 (1889), H. 3, 406–423; ders., Muhammedanische Studien, 2 Bde., Halle 1889/90 (Nachdruck Hildesheim/Zürich/New York 2004); ders., Historiography in Arabic Literature, übers. von Joseph Desomogyi, in: Goldziher, Gesammelte Schriften, Bd. 3, 359–394 (zuerst ungar. 1895); ders., Die Religion des Islam, in: Die Kultur der Gegenwart. Ihre Entwicklung und ihre Ziele, hg. von Paul Hinneberg, Berlin 1906, Teil 1, Abteilung 5, Leipzig 1913, 301–337; ders., Vorlesungen über den Islam, Heidelberg 1910 (Nachdruck Heidelberg 1963); ders., Art. »Fikh«, in: Enzyklopädie des Islam, Leiden 1913–1938, Bd. 2, 107; ders., Die Islamische und die jüdische Philosophie des Mittelalters, in: Paul Hinneberg (Hg.), Die Kultur der Gegenwart. Ihre Entwicklung und ihre Ziele, Leipzig/Berlin 1913, 301–337; ders., Tradition und Dogma, in: Allgemeine Zeitung des Judentums (1914), Nr. 1, 6–8, Nr. 2, 22 f., und Nr. 3, 33–35; ders., Stellung der alten islamischen Orthodoxie zu den antiken Wissenschaften, in: Goldziher, Gesammelte Schriften, Bd. 5, 357–400 (zuerst 1916); ders., Die Richtungen der islamischen Koranauslegung, Leiden 1920 (Nachdruck Leiden 1952/1970).

Tagebücher Goldzihers

Ignaz Goldziher, Tagebuch, hg. von Alexander Scheiber, Leiden 1978; Ignaz Goldziher and His Oriental Diary. A Translation and Psychological Portrait, hg. von Raphael Patai, Detroit, Mich., 1987.

Wo nicht anders erwähnt, stammen die Übersetzungen vom Verfasser. Alle Hervorhebungen in Zitaten folgen dem Original.

Einführung

Wegen des forschungsgeschichtlichen Interesses des vorliegenden Buchs wurde auf die Darstellung der Biografie Goldzihers weitgehend verzichtet. Für eine umfassende, am Lebensweg bzw. den Wirkungsstätten orientierte Darstellung der Entwicklung Goldzihers vgl. Peter Haber, Zwischen Tradition und Wissenschaft. Der ungarische Orientalist Ignác Goldziher (1850–1921), Köln/Weimar/Wien 2006.

Der zitierte Brief Auerbachs stammt vom 16. März 1872, in: Briefe an seinen Freund Jakob Auerbach, hg. von Jakob Auerbach, 2 Bde., Frankfurt a. M. 1884, Bd. 2, 101.

Die Übersetzung der sechs Vorträge Ignác Goldzihers wurde von Mihály Riszovannij und Angelika Balog auf der Basis der ersten (undatierten) vollständigen Ausgabe des ungarischen Textes in zwei Bänden (erschienen laut Hellers Bibliografie der Werke Goldzihers in den Jahren 1923/24) vorgenommen. Vgl. die neue Ausgabe des Textes durch János Kőbányai und József Zsengellér, Budapest 2000, 29–128. Die Seitenangaben beziehen sich auf die Neuedition, nicht auf die seltene Ausgabe von 1923.

Reinhart Koselleck erläutert seinen begriffsgeschichtlichen Ansatz in: Vergangene Zukunft. Zur Semantik geschichtlicher Zeiten, Frankfurt a. M. 1984, Kap.: Begriffsgeschichtliche Methode und Sozialgeschichte, 109–129, hier 119 f.

»Historical thinking in modern Judaism was nurtured on a Spanish diet«, das Zitat entstammt Ismar Schorsch, The Myth of Sephardic Supremacy, in: ders., From Text to Context. The Turn to History in Modern Judaism, Hanover, N. H./London 1994, 71–92, hier 82.

Zum Verhältnis von ungarischem Nationalismus und Judentum vgl. Maria Rethelyi, German Jews as Hungarian Nationalists and the Emergence of Oriental Studies, unveröffentlichte Diss., UMI Microform 3362290, Chicago, Mich., 2009, 8.

Joseph Desomogyi, My Reminiscences of Ignace Goldziher, in: The Muslim World 51 (1961), 5–17, hier 15 f. Er überliefert Goldzihers Wahlspruch so: »Scholarship has no country, but the scholar does have his country.«

Zur Gleichzeitigkeit von Nähe und Ferne und zum Topos des *Marginal man* bei Peter Haber vgl. ders., Zwischen jüdischer Tradition und Wissenschaft, 233.

»Den Anthropomorphismus Mohammeds hat er streng verurteilt …«, das französische Originalzitat wurde entnommen Jacques D. J. Waardenburg, L'Islam dans le miroir de l'Occident, 's-Gravenhage 1961, 127.

Zu Edward Saids Beurteilung des Verhältnisses der Orientalisten zum Islam vgl. ders., Orientalism, Oxford 1978, 209; zu Nöldeke vgl. Christian Snouck Hurgronje, Theodor Nöldeke. 2. März 1836 – 25. Dezember 1930, in: ZDMG 85 (1931), 264.

Die Zitate zur Goldziher-Rezeption bei Sezgin sind entnommen Fuat Sezgin, Goldziher and Hadith, in: Schools of Koranic Commentators. Goldziher, hg. und übers. von Wolfgang H. Behn, Wiesbaden 2006, XIII.

Zur Würdigung Goldzihers bei Hamid Dabashi vgl. ders., Ignaz Goldziher and the Question Concering Orientalism, in: Ignaz Goldziher, Muslim Studies, hg. von S. M. Stern, New Brunswick/London 2006, IX–XCIII (die Zitate XI, XXIII und LXXVIII [»Den ›Westen‹ gibt es nicht mehr …«]).

Über die bewusste Differenzierung von Judentum und Islam vgl. Ottfried Fraisse, Ignác Goldzihers hermeneutische Strategien. Zur Historisierung des Islam in westlichen Enzyklopädien, in: Jahrbuch des Simon-Dubnow-Instituts 9/Simon Dubnow Institute Yearbook 9 (2010), 359–380, hier 371.

Zu Róbert Simons Einschätzung vgl. ders., Ignác Goldziher. His Life and Scholarship as Reflected in His Works and Correspondence, Leiden 1986, hier 12.

Von den ungarischsprachigen Arbeiten Goldzihers wurden jene ausgewertet, die dem Verfasser in Übersetzung zugänglich waren. Der Unterschied zwischen Goldzihers ungarischen und seinen anderssprachigen Arbeiten ist schon vielen Lesern aufgefallen. Sein Schüler Joseph Desomogyi meinte, dass Goldziher bis zum Schluss die Gewohnheit gehabt habe, »seine größeren fremdsprachigen Werke zuerst in kürzerer und volkstümlicher (!) Fassung auf ungarisch (!) erscheinen zu lassen« (Goldziher, Die Ẓāhiriten, V). Dies wird aber dem Charakter von Goldzihers ungarischen Arbeiten nicht in jeder Hinsicht gerecht. Zahlreiche – bereits in deutscher Übersetzung vorliegende oder für dieses Buch speziell übersetzte – »volkstümliche« bzw. emotionaler geschriebene ungarische Texte besitzen im Werk Goldzihers keine Entsprechung in einer anderen Sprache, und es sind vor allem diese, in denen er seine kulturwissenschaftlichen Interessen offen thematisiert hat.

Religion und Wissenschaft – Drei Modelle im Europa des 19. Jahrhunderts

Der Darstellung von *Religio/pietas* sowie von interner und externer Religion seit Spinoza liegen v. a. diese Artikel zugrunde: Ralf Konersmann, Art. »Religionskritik«, in: Joachim Ritter/Karlfried Gründer (Hgg.), Historisches Wörterbuch der Philosophie (nachfolgend HWpH), Darmstadt 1992, Bd. 8, 734–746; Ernst Feil u. a., Art. »Religion«, in: ebd., 631–713.

»Geschichtswahrheit, auf die …«, das Zitat findet sich in: Moses Mendelssohn, Jerusalem oder über religiöse Macht und Judentum, Bielefeld 2001, 94.

Für die Haltung Kants zur Religion vgl. dessen *Kritik der praktischen Vernunft,* Riga 1788 (Nachdruck Erlangen 1984), hier 233, bzw. später die *Kritik der Urteilskraft,* [3]Berlin 1799, hier 477; über Herder vgl. Georg Wobbermin, Religionsphilosophie, Berlin 1925, 20; für D. F Schleiermacher vgl. dessen Reden *Über die Religion. Reden an die Gebildeten unter ihren Verächtern,* Stuttgart 1985 (Nachdruck), hier 35 f.; zu Hegels Auffassung von Religion vgl. hier Karl Löwith, Weltgeschichte und Heilsgeschehen. Die theologischen Voraussetzungen der Geschichtsphilosophie, Stuttgart/Weimar 2004 (das Zitat 12).

»Die Theologie als Wissenschaft, sofern sie …«, das Zitat entstammt Kurt Flasch/Udo Reinhold Jeck, Das Licht der Vernunft. Die Anfänge der Aufklärung im Mittelalter, München 1997, 16.

Die Kant-Zitate finden sich an folgenden Stellen: »Eine jede Lehre, wenn sie …«, Immanuel Kant, Metaphysische Anfangsgründe der Naturwissenschaft, in: Kants Werke. Akademie-Textausgabe, Bd. 4, Berlin 1968, 468; »Der scientifische Vernunftbegriff …«, ders., Kritik der reinen Vernunft, A 832; »[e]igentliche Wissenschaft … als darin *Mathematik* anzutreffen ist«, ders., Metaphysische Anfangsgründe der Naturwissenschaft, 468.

»Die wahre Gestalt, in welcher …«, das Zitat entstammt G. W. F. Hegel, Phänomenologie des Geistes, Vorrede, 1807, in: Akademie-Ausgabe, Bd. 9, Hamburg 1980, 22.

Das Zitat von Helmholtz: »Naturwissenschaft hat zum Objecte …«, überliefert Leo Königsberger, Hermann von Helmholtz, Bd. 2, Braunschweig 1903, 126.

Zum empirischen Wissenschaftsbegriff in Deutschland sowie zum Zitat von Ernst Mach (»die Anpassung der Gedanken an die Tatsachen …«) vgl. HWPh, Bd. 12, 930; zur wissenschaftstheoretischen Diskussion in Großbritannien vgl. ebd., 927; »die Wissenschaft der Sprache …«, das Zitat entstammt Friedrich Max Müller, Vorlesungen über die Wissenschaft der Sprache, Leipzig 1863, 19.

Zu den Auffassungen Andreas Gotzmanns vgl. ders., The Dissociation of Religion and Law in Nineteenth Century German-Jewish Education, in: Leo Baeck Institute Year Book 43 (1998), 103–126 (das Zitat »Die Unterscheidung zwischen den ›rechtlichen‹ Aspekten …«, ebd., 110), und ders., Reconsidering Judaism as a Religion. The Religious Emancipation Period, in: Jewish Studies Quarterly 7 (2000), H. 2, 352–366 (das Zitat »Die Innensicht zeigt, dass es den alten …«, ebd., 354).

Die beiden Zitate von Max Wiener (»um die Rehabilitierung des Gegenstandes …«; »hat die Wissenschaft des Judentums …«) finden sich in: ders., Jüdische Religion im Zeitalter der Emanzipation, Berlin 1933, 177 f.

»Der beste Damm gegen die Bekehrer …«, das Zitat ist entnommen Leopold Zunz, Jude – Deutscher – Europäer. Ein jüdisches Gelehrtenschicksal des 19. Jahrhunderts in Briefen an Freunde, hg. und eingeleitet von Nahum N. Glatzer, Tübingen 1964, 216.

Wieners Äußerung über »die Idee der Wissenschaft gerade bei Zunz …« findet sich in: ders., Jüdische Religion im Zeitalter der Emanzipation, 179; August Boeckhs Prognose »wie sich die vergleichende Sprachenkunde gebildet hat …« in: ders.,

Reden gehalten auf der Universität und in der Akademie der Wissenschaften zu Berlin, hg. von Ferdinand Ascherson, Leipzig 1859, 183–199, hier 188.

Die Zitate von Leopold Zunz sind wiedergegeben nach ders., Gesammelte Schriften, hg. vom Curatorium der Zunzstiftung, 3 Bde., Berlin 1875/76: »zur Gesammtkenntniss ihres Culturganges …«, Etwas über die rabbinische Literatur, in: ebd., Bd. 1, 6 f.; »die Juden [sind] nach Volksthum und Bekenntniss …« sowie »aber mit eigenem Organismus …«, Die jüdische Literatur, in: ebd., 42.

Abraham Geigers Äußerungen sind folgenden seiner Schriften entnommen: »[Es ist] zum wahren Heile des Judenthums, …«, Etwas über Glauben und Beten. Zu Schutz und Trutz, in: Jüdische Zeitschrift für Wissenschaft und Leben 7 (1869), 1–59, hier 9; »Wenn das Judenthum sich selbst …«, Literatur-Blatt. Beilage zum Israeliten des 19. Jahrhunderts 1 (1846), 7 (zit. nach Michael Meyer, Abraham Geiger's Historical Judaism, in: Jakob J. Petuchowski [Hg.], New Perspectives on Abraham Geiger, New York 1975, 3–16, hier 10); »Die Erkenntnis der Vergangenheit …«, Die Aufgabe der Gegenwart, in: Wissenschaftliche Zeitschrift für jüdische Theologie 1 (1844), 1–35, hier 25; »als todte Werkzeuge göttlicher Eingebung …«, ebd., 22; »Im religiösen Leben geht *sicher* die Freiheit vor der Einheit!«, Etwas über Glauben und Beten, 26; »Darin, in seiner frischen, für alle Zeiten anregenden Kraft, …«, ebd., 22; »nicht in dualistischer Theilung …«, ebd., 29; »Das Interesse an dieser eigenthümlichen Geisteskraft …« bis »… nach ihrer Weise verarbeitet«, Abraham Geiger's Nachgelassene Schriften, Bd. 2, 39 f.

Für den »Centralpunkt« in Moritz Steinschneiders Programm vgl. ders., Einleitung, in: ders., Die arabische Literatur der Juden. Ein Beitrag zur Literaturgeschichte der Araber grossenteils aus handschriftlichen Quellen, Frankfurt a. M. 1902, XLIX (Nachdruck Hildesheim 1964).

Barons Feststellung, Steinschneider sei »kein Historiker« gewesen, findet sich in Salo W. Baron, Moritz Steinschneider's Contributions to Jewish Historiography, in: ders./Arthur Hertzberg/Leon A. Feldman (Hgg.), History and Jewish Historians. Essays and Addresses, Philadelphia, Pa., 1964, 276–321, hier 276.

Die Zitate Moritz Steinschneiders finden sich in folgenden seiner Werke: »Die Culturgeschichte der Juden ist darum so schwierig, …« bis »… von ihrer Stellung im Staate oder Lande«, Die arabische Literatur der Juden, XII; »Der Beginn der zweiten Periode …«, Art. »Jüdische Literatur«, in: J. S. Ersch/J. G. Gruber, Allgemeine Encyclopädie der Wissenschaften und Künste, Sektion 2, Teil 27, Leipzig 1850, 357–471, hier 384; »Die Momente, welche unsere Periodentheilung begründen, …«, ebd., 447; »Vor ungefähr 40 Jahren, …«, Islam und Judenthum. Kritik des Islam von Simon Duran (1423), aus dem Hebräischen übersetzt und erläutert, in: Magazin für die Wissenschaft des Judenthums 7 (1880), 1–48, hier 1.

»Steinschneider war innerhalb der islamischen Sphäre …«, das englische Originalzitat ist entnommen Ismar Schorsch, Moritz Steinschneider. The Vision beyond the Books, in: R. Leicht/G. Freudenthal (Hgg.), Studies on Steinschneider. Moritz Steinschneider and the Emergence of the Science of Judaism in 19th Century Germany, Leiden 2011, 3–36, hier 34.

Zu Ludmilla Hanischs Beobachtung einer grundsätzlichen Unsicherheit innerhalb der Islamforschung hinsichtlich Goldzihers Methode vgl. dies. (Hg.), »Machen Sie doch unseren Islam nicht gar zu schlecht«. Der Briefwechsel der Islamwissenschaftler Ignaz Goldziher und Martin Hartmann 1894–1914, Wiesbaden 2000, XV.

Jacques Waardenburg formuliert seine Einschätzung zu Goldzihers Forschungen so: »Par contre, il y a un subjectivisme dans sa conception de l'ensemble de l'Islam, et dans son évaluation; subjectivisme que le savant lui-même n'a pas pu apercevoir«, in: L'Islam dans le miroir de l'Occident, 270; »Goldziher muss im Islam …«, ebd., 266. Zur gegensätzlichen Haltung Róbert Simons vgl. ders., Ignác Goldziher, hier 20.

Das *Orientalische Tagebuch* Goldzihers wurde – trotz des ungarischen Titels *Keleti Naplóm* – überwiegend in deutscher Sprache verfasst und ist heute im Besitz des New Yorker Jewish Theological Seminary of America (Inv.-Nr. 104071); eine Kopie wurde mir von Peter Haber in freigebigster Weise zur Verfügung gestellt. Die von Raphael Patai angefertigte englische Übersetzung ist, wie zuerst Lawrence I. Conrad nachgewiesen hat, nicht frei von Ressentiment und daher nicht zitierfähig. Goldzihers Eintrag zum Versöhnungstag 1873: ebd., 20–22; zur Weiterreise von Istanbul: ebd., 23.

Goldzihers *Predigt zu Rosch ha-Schana* ist publiziert unter dem Titel *Tradition und Dogma;* der Brief an Abraham Yahuda vom 18. März 1914 befindet sich im Archiv Abraham Yahuda der Handschriftenabteilung der Hebräischen Universität Jerusalem (MS Var. 38, File 3116, Briefe an Goldziher-Familie).

Zur (an Herbart angelehnten) psychologischen Argumentation bei Goldziher vgl. Céline Trautmann-Waller, Histoire culturelle, religions et modernité, ou y a-t-il une »méthode« Goldziher?, in: dies. (Hg.), Ignác Goldziher. Un autre orientalisme?, Paris 2011, 115–138, hier 121.

Gemeinschaft und Geschichte – Eine antiindividualistische Dynamisierungsidee

Zu Immánuel Löw vgl. Máté Hidvégi, Immánuel Löw's Reflections on "The Essence and Evolution of Judaism" in His Letters to Ignaz Goldziher in 1888, in: Éva Apor/István Ormos (Hgg.), Goldziher Memorial Conference, Budapest 2005, 75–81; Hidvégi schreibt, »[a]s far as we know, Goldziher was also planning to lecture on the following topics: the unity of God, the mission of Israel, sanctity and messianism«, jedoch fehlt eine Quellenangabe, vgl. ebd., 75.

Das Zitat in dem von Alexander Scheiber herausgegebenen Tagebuch Goldzihers, 111 f.

»Ist nun aber ein und dasselbe Wesen …«, das Zitat ist entnommen Wolfgang Wieland, Art. »Entwicklung, Evolution«, in: Otto Brunner/Werner Conze/Reinhart Koselleck (Hgg.), Geschichtliche Grundbegriffe, Stuttgart 1975, Bd. 2, 199–228, hier 211.

Die Zitate zum Entwicklungsbegriff Hegels finden sich in dessen *Vorlesungen über die Geschichte der Philosophie,* neu hg. von Walter Jaeschke, Hamburg 1993: »Das erste war also, daß der Gedanke, der freie Gedanke …« bis »… aber dieses Einfache ist schwanger mit allen Qualitäten des Baumes«, Einleitung, 212 f.; »Die dritte Bestimmung ist, daß das, was an sich ist …«, ebd., 215; »In der Weltgeschichte also ist das der Anfang der Philosophie, …«, ebd., 94; »Das Leben Gottes in sich selbst ist eben diese Entwicklung; …«, ebd., 216.

Zu Darwins Lehre als »erste[r] phylogenetische[r] Entwicklungstheorie« vgl. Wieland, Art. »Entwicklung, Evolution«, 225.

»Die Norm kann außerhalb oder innerhalb …« und »Sie kann dazu dienen, Zugang zum Anfang zu bekommen …«, die Zitate finden sich in Walter H. Capps, Religious Studies. The Making of a Discipline, Minneapolis, Minn., 1995, 54 f.

Für Ahron Marcus' Äußerungen und das Zitat »Man beachte, was der jüdische Denker …« vgl. ders., Die moderne Entwicklungstheorie in der jüdischen Wissenschaft. Vortrag, gehalten am 13. März 1907 in der Vereinigung zur Pflege jüdischer Lebensanschauung, Frankfurt a. M., unpaginiert.

Zum sogenannten Methodenstreit vgl. Fritz Wagner, Biologismus und Historismus im Deutschland des 19. Jahrhunderts, in: Gunter Mann (Hg.), Biologismus im 19. Jahrhundert, Stuttgart 1973, 30–42 (die Zitate 30).

Über die Behauptung einer systematischen Entwicklung der Geschichte »als fortschreitende *Einsicht* …« bei Hegel vgl. Dirk Westerkamp, Die philonische Unterscheidung. Aufklärung, Orientalismus und Konstruktion der Philosophie, München 2009, hier 107.

»Gott [bleibt bei den Juden] immer etwas wesentlich Substantielles …«, das Zitat findet sich bei Hegel, Einleitung in die Geschichte der Philosophie. Orientalische Philosophie, in: Vorlesungen. Ausgewählte Nachschriften und Manuskripte, hg. von Pierre Garniron, Hamburg 1994, Bd. 6, 133; »Bestimmung der Idee selbst …«, ebd., 27.

Zu Organismus-Vergleichen bei Hegel vgl. ders., Enzyklopädie der philosophischen Wissenschaften im Grundrisse (1830), hg. von Friedhelm Nicolin und Otto Pöggeler, Hamburg [6]1959, 284; bei Darwin Theodor Ballauff, Art. »Organismus«, in: HWPh, Bd. 6, Darmstadt 1984, 1332 f.

Zur Organismus-Metapher vs. unmetaphorischem Verständnis (Goldziher) vgl. Anna Morpurgo Davies, History of Linguistics, hg. von Giulio Lepschy, Bd. 4, London/New York 1998, 86 f.

»… dass der Mensch ›zum Ebenbild Gottes geschaffen wurde‹«: Die Verbindung der Imago Dei des Menschen mit seinem wissenschaftlichen Bewusstsein mag hier unverständlich klingen, erklärt sich aber durch die von Maimonides vorgenommene Deutung der Imago Dei, welche für Goldziher von großer Bedeutung war (vgl. auch das Kap. »Maimonidische Inspiration: Die Entwicklung des Monotheismus aus dem Widerständigen historischer Kontingenz« dieser Arbeit).

Durch das Element der Kontinuität macht Goldziher Hegels Charakterisierung des Judentums als Religion der Erhabenheit gegenstandslos. Statt einer »Erledigung« der mutmaßlichen weltgeschichtlichen Bedeutung des Judentums im Übergang vom orientalischen zum griechischen Reich wird bei Goldziher das Judentum zum Subjekt eines alle vier Epochen umfassenden eigenen Entwicklungsbegriffs.

Zum Verhältnis von kontinuierlichem und dynamischem Element im hegelschen Entwicklungsbegriff vgl. Hegel, Grundlinien der Philosophie des Rechts, Frankfurt a. M. 1970, Werke 7, § 345 (die Zitate 505).

Die Bestimmung der »zwei Arten der Entwicklung« von Religion durch Goldziher lässt sich erneut im Widerspruch zu Hegels Wahl des Individuums als des wichtigsten historischen Handlungsträgers verstehen: »An der Spitze aller Handlungen, somit auch der welthistorischen, stehen Individuen als die das Substantielle verwirklichenden Subjektivitäten.« (Hegel, Grundlinien der Philosophie des Rechts, § 348, 506).

»In dieser Version spricht die jüdische Philosophie …«, das Zitat ist entnommen Westerkamp, Die philonische Unterscheidung, 114.

Maimonidische Inspiration – Die Entwicklung des Monotheismus aus dem Widerständigen historischer Kontingenz

»[H]istorical change produces conceptual change«, das Zitat findet sich bei Kenneth Seeskin, Maimonides' Sense of History, in: Jewish History 18 (2004), 129–145, hier 129.

Zur Gliederung der biblischen Gebote in begründbare und nicht begründbare vgl. Alexander Altmann, Saadya's Conception of the Law, in: Bulletin of the John Rylands Library Manchester, 28 (1944), 320–339, hier 320.

Folgende Zitate sind entnommen Julius Guttmann, Das Problem der Kontingenz in der Philosophie des Maimonides, in: Monatsschrift für Geschichte und Wissenschaft des Judentums (MGWJ) 83 (1939), 406–430: »Die Welt geht aus Gott mit Notwendigkeit hervor, …« und »Der Okkasionalismus dieser Weltauffassung …«, 406 f.; »daß sie in der Welt tatsächlich gilt, …«, 420.

»Kein Gesetz der Natur ist vollständig festlegend …«, das engl. Originalzitat ist entnommen Amos Funkenstein, Theology and the Scientific Imagination. From the Middle Ages to the Seventeenth Century, Princeton, N. J., 1986, 228 f.

Alle Zitate aus dem *More Nebukhim* entstammen The Guide of the Perplexed, hg. und übers. von Shlomo Pines, 3 Bde., Chicago, Ill., 1963. Zur historischen Einordnung der Sabier vgl. ebd., Introduction, CXXIII f.

Für die differierende Einschätzung zu Maimonides' Bestimmung des historischen Kontextes des Mosaischen Gesetzes bei Graetz, Baron und Goldziher vgl. Funkenstein, Theology and the Scientific Imagination, 233; Heinrich Graetz, Die Konstruktion der jüdischen Geschichte, Berlin 1936, 85 f.; Salo Baron, The Historical Outlook of Maimonides, in: Proceedings of the American Academy for Jewish Research 6 (1934/35), 5–113.

»[E]s ist von eigenartigem Reiz, …«, das Zitat bei Guttmann, Das Problem der Kontingenz in der Philosophie des Maimonides, 430. Im Hinblick auf den maimonidischen Umgang mit Kontingenz und Notwendigkeit hat auch Funkenstein – analog zu Goldziher – eine größere Nähe zur modernen als zur aristotelischen Physik konstatiert: »In a sense, Maimonides' principle of indeterminacy is closer to modern than to classical physics: modern physics likewise assumes a principle of indeterminacy not as a limit to our knowledge, but as an objective indeterminacy within nature itself.«

Das Zitat von Chaim Neuburger, »für eine Gruppe der zur Bekämpfung des Götzendienstes dienenden Gesetze …«, findet sich in ders., Das Wesen des Gesetzes in der Philosophie des Maimonides, Danzig 1933, 43.

»[I]n der Sprache der Menschen«: Die exegetische Akkommodation wird in der Traditionsliteratur mit der Formel *tora dibra bi-leshon bene adam* (Die Tora spricht die Sprache der Menschen) bezeichnet.

Zur Beschäftigung mit der Methode der Akkomodation bei Amos Funkenstein vgl. ders., Theology and the Scientific Imagination, 248 und 271.

Das Lessing-Zitat »Vielleicht war ihr *dreifaches Alter der Welt* keine so leere Grille ...« ist entnommen Gotthold Ephraim Lessing, Werke in drei Bänden, München 1982, Bd. 3, 657.

Über die historische Akkommodation bei John Spencer vgl. Julius Guttmann, John Spencers Erklärung der biblischen Gesetze in ihrer Beziehung zu Maimonides, in: Festskrift i anledning af Professor David Simonsens 70-aarige Fødselsdag, Kopenhagen 1923 (die Zitate V, XII, IX und XVII).

Zur Historisierung der exegetischen Akkommodation bei Salomon Maimon vgl. Amos Funkenstein, Das Verhältnis der jüdischen Aufklärung zur mittelalterlichen jüdischen Philosophie, in: Karlfried Gründer, Nathan Rotenstreich, Aufklärung und Haskala in jüdischer und nichtjüdischer Sicht, Heidelberg 1990, 13–21 (die Zitate 19). Neben einer Reihe von Kritikern der Maimonidischen historischen Akkommodation kannte diese im Judentum in Ritba, Ibn Kaspi oder Abravanel auch einige wenige prominente Verteidiger; vgl. Stephen D. Benin, The Footprints of God. Divine Accommodation in Jewish and Christian Thought, New York 1993. Zu Funkensteins Deutung von Goldzihers Epochenkonzept vgl. Funkenstein, Theology and the Scientific Imagination, 209.

Die Kulturgeschichte des Islam – Nachweis der universalen Gültigkeit des monotheistischen Entwicklungsbegriffs

Das Zitat »der allgemeine Brauch der Gemeinde, …« ist entnommen Goldziher, Art. »Fikh«, 107; »Schlüssel zum Verständnis der islamischen Entwicklung«, ders., Die Religion des Islam, 105 f.

Die Zitate aus Goldzihers Schrift *Zur Geschichte der Sprachwissenschaft in Arabien* finden sich in ders., A nyelvtudomány történetéről az araboknál, Budapest 1878 (basierend auf einem Vortrag, gehalten vor der Ungarischen Akademie der Wissenschaften 1877); engl.: On the History of Grammar among the Arabs, 50.

Die Inauguralrede Goldzihers wurde publiziert unter dem Titel *The Spanish Arabs and Islam;* die Zitate im engl. Original: »Wie oft mussten wir hören, dass …«, »egal ob diese Evolution auf der hegelschen oder …«, beide ebd., 381.

»Der kritische Apparat zu den kanonischen Traditionssammlungen …«, das Zitat ist entnommen Iganz Goldziher, Muhammedanisches Recht in Theorie und Wirklichkeit, hier 421.

Goldzihers Brief an Martin Hartmann vom 21. März 1898 wird zitiert nach Hanisch (Hg.), »Machen Sie doch unseren Islam nicht gar zu schlecht«, 94.

Für Goldzihers Tagebucheinträge zum »Verkehr mit Snouck [Hurgronje]« und die Affinität zum afrikanischen Islam vgl. Goldziher, Tagebuch, 110.

Zum Nachweis der Nähe von Maimonides' Gottesbegriff zu dem Ibn Tūmarts vgl. Sarah Stroumsa, Ha-Rambam: Hoge »Fundamentalisti«? [Maimonides: Ein »fundamentalistischer« Denker?], in: Ha-Rambam. Shamranut, Makoriut, Mahepechanut 2 (2008), 453–464; dies., Ha-Im Haja Ha-Rambam Hoge

Muwahdi? [War Maimonides ein almohadischer Denker?], in: Alei Asor (2008), 151–171.

Ignác Goldzihers *Derascha* (religiöse Ansprache) anlässlich seiner Bar-Mizwa liegt gedruckt vor: ders., Sichat-Jiczchak, 8 und 15; der Tagebucheintrag »Dies Opus ist der erste Grundstein …« in Goldziher, Tagebuch, 22.

Zum Standpunkt von Ernst Troeltsch und Friedrich Meinecke vgl. Georg G. Iggers, The German Conception of History. The National Tradition of Historical Thought from Herder to the Present, Middletown, Conn., 1968 (dt.: Deutsche Geschichtswissenschaft. Eine Kritik der traditionellen Geschichtsauffassung von Herder bis zur Gegenwart, München 1971); zitiert wurde Iggers nach der vom Verfasser durchgesehenen und erweiterten Ausgabe Wien/Köln/Weimar 1997, 13, 42, 24 und 374. Über den Historismus »als Erben und Vollender der Aufklärung« vgl. Friedrich Jaeger/Jörn Rüsen, Geschichte des Historismus. Eine Einführung, München 1992, 10.

Zu Voltaires *Essai sur l'histoire générale et sur les mœurs et l'esprit des nations* als Beginn einer Kulturgeschichtsschreibung vgl. Stefan Haas, Historische Kulturforschung in Deutschland 1880–1930, Köln 1994, 26; das Zitat »Ausdruck eines schichtenspezifischen Bewußtseins …« (mit darin enthaltenem Zitat von Karl Biedermann) findet sich ebd., 38 f.

»Das jüdisch-christliche Denken nahm ebenso …«, das Zitat ist entnommen Iggers, Deutsche Geschichtswissenschaft, 379. Zum radikalisierten historischen Kausalitätsdenken bei Lamprecht vgl. Jaeger/Rüsen, Geschichte des Historismus, 145; zur Analogie von Epochenabfolge und biologischen Wachstumsphasen bei Karl Lamprecht vgl. ders., Der Ausgang des geschichtswissenschaftlichen Kampfes, in: Die Zukunft 20 (1897), 206 (zit. nach Jaeger/Rüsen, Geschichte des Historismus, 145).

Zur Kritik Goldzihers an Martin Hartmann vgl. Hanisch (Hg.), »Machen Sie doch unseren Islam nicht gar so schlecht«,

80 und 423; aus dem Brief Goldzihers an Nöldeke vom 7. Februar 1915 wird zitiert nach Simon, Ignác Goldziher, 374.

Über den Bezug des Historismus zu Hegel vgl. Jaeger/Rüsen, Geschichte des Historismus, 38; zu den Institutionen als »Gedanken Gottes« bei Ranke vgl. Iggers, Deutsche Geschichtswissenschaft, 368.

Neben M. Lazarus und H. Steinthal schätzte Goldziher auch die Kulturhistoriker Jacob Burckhardt und Alfred Kremer sehr (vgl. Goldziher, The Spanish Arabs and Islam, 390). Die Würdigung Steinthals als »Begründer der wissenschaftlichen Mythologie auf hebräischem Gebiete« enthält Goldziher, Der Mythos bei den Hebräern und seine geschichtliche Entwicklung, XXII; vgl. auch Ivan Kalmar, Steinthal, the Jewish Orientalist, in: Hartwig Wiedebach/Annette Winkelmann (Hgg.), Chajim H. Steinthal. Sprachwissenschaftler und Philosoph im 19. Jahrhundert, Leiden/Boston, Mass./Köln 2002, 135–152, hier 136. Die Äußerungen zum Konzept einer »Völkerpsychologie« finden sich in Moritz Lazarus/Heymann Steinthal, Einleitende Gedanken über Völkerpsychologie, als Einladung zu einer Zeitschrift für Völkerpsychologie und Sprachwissenschaft, in: Zeitschrift für Völkerpsychologie und Sprachwissenschaft 1 (1860), 19 f. und 23 f. Steinthals Aufsatz *Wahrheit und Entwicklung* (1889) ist publiziert in: ders., Zu Bibel und Religionsphilosophie. Vorträge und Abhandlungen, Berlin 1890 (die Zitate 119–122 und 126).

»[W]ir erkennen sie [die Sagen] als entstanden durch denselben psychologischen Vorgang, …«, das Zitat ist entnommen Goldziher, Der Mythos bei den Hebräern und seine geschichtliche Entwicklung, XXV.

Ignác Goldzihers Schrift *Die Ẓāhiriten* wird in der vorliegenden Arbeit zitiert nach dem Nachdruck 1967, IX f., 173 f. und 156. »Das Ḥadīth wird uns nicht als Dokument für die Kindheitsgeschichte des Islam, …«, das Zitat findet sich in Goldziher, Muhammedanische Studien, Bd. 2, hier zitiert nach dem Nachdruck der Ausgabe Halle 1888/90, Hildesheim/Zürich/New York 2004, 5. Das Werk *Die Richtungen der islamischen Koranauslegung* erschien zuerst in Budapest 1920, hier wird der unveränderte Neudruck zitiert, Leiden 1952, 32.

Zu Simons Deutung von Goldzihers »großartigem Konzept von ›Kulturgeschichte‹« vgl. Simon, Ignác Golziher, 32, 72, 75 und 90.

Zur Kritik an Geigers Bild eines jüdisch-muslimischen »Goldenen Zeitalters« in Spanien vgl. Aaron W. Hughes, The "Golden Age" of Muslim Spain. Religious Identity and the Invention of a Tradition in Modern Jewish Studies, in: Steven Engler/Gregory Price Grieve (Hgg.), Historicizing "Tradition" in the Study of Religion, Berlin/New York 2005, 51–74, hier 52 f. und 61 f.

Die Passagen aus Goldzihers Vortrag über den westlichen Islam sind entnommen *The Spanish Arabs and Islam:* »mehr Toleranz und weniger geistloser Rigorismus«, »philosophische Ideen und eine von den Fesseln des Dogmatismus befreite Denkweise«, 380; »starre, traditionelle Engstirnigkeit«, »tolerante und liberale Tendenz …«, 406; »zwei Entwicklungstendenzen, deren vergleichendes Studium …«, 379; »natürlichen historischen Entwicklung«, 384; »Die malikitische Schule, deren Gründer auch Pionier …«, 387; »[D]ie Antwort muss nachdrücklich gegeben werden …«, 388 f.; »historisch notwendig … im Irak entstanden sei«, »[A]ll dies ist durch die Doppelnatur des Islam zu erklären …«, »[W]ir sollten nicht vergessen, dass die Akkommodation …«, 407 f.; »denn es gab keine potente intellektuelle Reaktion …«, »Vielleicht hätte eine Akkommodation […] an die Individualität des Berbervolkes …«, 408.

Goldzihers ins Englische übersetzter Artikel *Historiography in Arabic Literature* (1895) ist erschienen in: Goldziher, Gesammelte Schriften, Bd. 3, 359–394; die Zitate sind dieser Ausgabe entnommen: »Weder in der vorislamischen Periode noch im ersten halben Jahrhundert …«, 367; »in der Periode des allgemeinen Verfalls der Literaturgattungen ...«, 363; »Der Gegenstand der Geschichte ist über die sozialen Gruppenbildungen der Menschheit zu berichten ...«, »Er war zweifellos der erste Autor der Welt, der ...«, 366; »Betrachtet man den Ursprung und die konstituierenden Elemente der arabischen Zivilisation, dann ...«, »es eine unzutreffende und irreführende Herangehensweise wäre ...«, »Es war lediglich die Sprache dieser Zivilisation, nämlich das Arabische, ...«, 373; »Feiner als jede andere kosmopolitische Weltanschauung ...«, »Es war in dieser Sprache [Arabisch], in der uns die Zivilisation ...«, 374; »Als die wilde Gewalt des Islam wie ein tobender Hurrikan ...«, 376; »In der Geschichts[schreibung] übermittelten die Perser keine fremden, d. h. entliehenen, Schätze ...«, 386; »ihre eigenen historischen Traditionen zu sammeln, ...«, 382; »Die Würde des Kalifen wandelte sich dank der freien Wahl ...«, 378; »Der Osten gibt an den Westen zurück, was er von ihm erhalten hatte«, 373.

»Während Europa üppige Geschenke von den aus Asien und Afrika stammenden ...«, das Zitat ist entnommen Goldziher, The Spanish Arabs and Islam, 372 f.

Resümee – Goldzihers Methode der Historisierung aus der Transferdynamik kultureller Grenzen

Die maimonidische Akkommodation bildet zwar ein Thema in der Wissenschaft des Judentums, jedoch wird sie als eine Form der Erklärung des Religionsgesetzes aus der Assimilation aufgefasst und daher negativ bewertet; vgl. Georg Y. Kohler, Reading Maimonides' Philosophy in 19th Century Germany. The Guide to Religious Reform, Dordrecht 2012, 201–203 und 214.

Auch die in Maimonides' Erklärung der Gebote verborgene historische Methode wurde in der Wissenschaft des Judentums diskutiert, jedoch durch Alfred von Gutschmids Widerlegung von Maimonides' historischen Aussagen über die Sabier geriet auch diese Methode in Misskredit. Den davon unangetasteten methodischen Gehalt der Erklärung der Gebote aus der Akkommodation haben neben Goldziher nur sehr wenige erkannt; vgl. Kohler, Reading Maimonides' Philosophy, 222.

Zum Standpunkt (protestantischer) Islamwissenschaftler wie C. H. Becker und M. Hartmann vgl. Reinhard Schulze, Islamwissenschaft und Religionswissenschaft, in: Friedrich Wilhelm Graf/Friedemann Voigt (Hgg.), Religion(en) deuten. Transformationen der Religionsforschung, Berlin/New York 2010, 81–202, hier 154–164.

Zum Autor

Ottfried Fraisse promovierte 2003 an der Freien Universität Berlin mit einer Arbeit über *Moses ibn Tibbons Kommentar zum Hohelied und sein poetologisch-philosophisches Programm. Synoptische Edition, Übersetzung und Analyse* (Berlin: De Gruyter 2004). Von 2003 bis 2007 war er als Redakteur und Mitherausgeber des 2003 erschienenen *Metzler-Lexikons jüdischer Philosophen* (zus. mit Andreas B. Kilcher, unter Mitarbeit von Yossef Schwartz) tätig und lehrte an den Universitäten in Frankfurt am Main und Gießen. Am Simon-Dubnow-Institut für jüdische Geschichte und Kultur in Leipzig führte er als Wissenschaftlicher Mitarbeiter von 2007 bis 2011 ein Projekt zur jüdisch-arabischen Kulturhermeneutik durch. Seit 2012 ist er Wissenschaftlicher Mitarbeiter und Koordinator des Graduiertenkollegs 1728 »Theologie als Wissenschaft« an der Goethe-Universität in Frankfurt und unterrichtet dort jüdische Philosophie.

Schwerpunkte seiner Forschung bilden das jüdisch-arabische Mittelalter, dessen Rezeption in der Wissenschaft des Judentums im 19. Jahrhundert sowie die moderne jüdische Religionsphilosophie. Der Transfer der aristotelischen »phantasia« in das muslimische und jüdische Mittelalter und der Rechtsvergleich zwischen Judentum und Islam sind ebenso Gegenstand seiner Arbeit wie das Verhältnis dieser beiden Religionen zur europäischen Aufklärung. Zuletzt hat er sich mit den Forschungsmethoden der jüdischen Orientalisten und der performativen Hermeneutik Franz Rosenzweigs befasst.

Toldot

Essays zur jüdischen Geschichte und Kultur

Band 11: Jan Eike Dunkhase

Spinoza der Hebräer

Zu einer israelischen Erinnerungsfigur

Mit einem Vorwort von Dan Diner

2013. 155 Seiten mit 1 Abb., kart.

ISBN 978-3-525-35112-3

Auch als eBook erhältlich

Band 10: Jakob Hessing

Verlorene Gleichnisse

Heine Kafka Celan

2011. 148 Seiten, kartoniert

ISBN 978-3-525-35086-7

Auch als eBook erhältlich

Band 9: Yfaat Weiss

Lea Goldberg

Lehrjahre in Deutschland 1930–1933

2010. 191 Seiten mit 1 Abb., kartoniert

ISBN 978-3-525-35099-7

Band 8: Doron Mendels / Arye Edrei

Zweierlei Diaspora

Zur Spaltung der antiken jüdischen Welt

2009. 159 Seiten mit 1 Karte, kart.

ISBN 978-3-525-35098-0

Auch als eBook erhältlich

Band 7: Dan Diner

Gegenläufige Gedächtnisse

Über Geltung und Wirkung des Holocaust

2007. 128 Seiten, kartoniert

ISBN 978-3-525-35096-6

Band 6: Thomas Meyer

Vom Ende der Emanzipation

Jüdische Philosophie und Theologie nach 1933

2008. 208 Seiten, kartoniert

ISBN 978-3-525-35094-2

Band 4: Susanne Zepp / Natasha Gordinsky

Kanon und Diskurs

Über Literarisierung jüdischer Erfahrungswelten

2009. 120 Seiten, kartoniert

ISBN 978-3-525-35093-5

Band 3: Nicolas Berg

Luftmenschen

Zur Geschichte einer Metapher

Mit einem Vorwort von Dan Diner

2. Auflage 2014. 240 Seiten, kart.

ISBN 978-3-525-35092-8

Auch als eBook erhältlich

V&R

Alle Bände finden Sie unter:
www.v-r.de